JN100031

もしあなたが
泥棒だとしたら、
どちらの家に
入りますか？

鍵がかかっている家

鍵をかけ忘れた家

当然、答えはBですよね。

鍵を開けるのは大変ですし、
無理やりこじ開ければ
ドアが壊れて痕跡が残ります。

しかしコミュニケーションでは、
ほとんどの人が「鍵がかかっている家」に
無理やり入ろうとしてしまいます。

人は誰しも、
心に警戒心で鍵をかけています。
この鍵をかけている
警戒心を「心のガード」と呼びます。
心のガードがかかっている状態では、
相手の心は盗めません。
当然、人を動かす難易度は
跳ね上がります。

では、
心にかかった鍵を開けるマスターキー
があったらどうでしょうか。

心のガードを簡単に外して
相手の心に自由に出入りできたら……。

・モテる
・好かれる
・モノを売る
・信頼関係を築く

相手の心はすべて思い通り。

文字通り言いなりになります。
それも、言いなりになっている自覚なく。

本書でお伝えするのは、
そんなマスターキーの作り方です。

第2章

「心のガード」を外す 第一印象の作り方

第3章

「心のガード」を崩す雑談&話し方の技術

第4章

「心のガード」を開けるマスターキー

第5章

思い通りに動かす誘導の技術

第6章 人を動かす影響力を身につける「自分の磨き方」

序章

警戒心の解き方

「警戒心」の秘密

突然ですが想像してみてください。あなたは小さな会社を営む経営者です。長年にわたって従業員は雇わず、夫婦2人で会社を経営しています。

そこに言葉もロクに通じない、見知らぬ外国人がやってきて「雇ってもらえませんか？」と言ってきたらどうでしょう？

1　断る
2　無視する
3　雇う

ほとんどの人が選択肢の1か2を選びますよね。なぜなら、人には警戒心があるからです。

警戒心はとても便利なもので、あなたを危険から守ってくれます。警戒心がなかったら大変です。なんでもかんでも「イエス！　イエス！　イエス！」と契約書をよく読まずにハンコを押しまくっていたら、平和な日本でも無事では済まないでしょう。

しかし、この警戒心は時にあなたの人生の邪魔になります。読者の皆さんの中にも、「今の会社をいつか辞めたいけど、独立するのが不安でなかなか踏み出せない」「気になっている異性がいてアプローチしたいけど、嫌われるのが怖くて声がかけられない」そんな思いを抱いている方は少なくないのではないでしょうか。

また、あなた自身が必要以上に警戒心を抱かれてしまい、思うようにコミュニケーションがとれなかった経験はないでしょうか。

ビジネス書を読んで「セールスは売り込むのではなく、お客様の問題解決だ！　よーし、まずはお役に立つぞ！」と思って声をかけたのに、お客様からは警戒されてまともに話が聞いてもらえない、なんてよくある話です。

警戒心はあなたを守ることもあれば、不自由にすることもあります。うまく付き合えば心強い盾になり、付き合い方を間違えると足枷《あしかせ》になります。

さらにこの警戒心には面白いバグが存在します。

そのバグとは、一度警戒心を解いた相手を無条件で信用してしまうという性質です。このバグをついて今あなたが生きている人生ゲームの難易度を大幅に下げることもできます。

「疑り深い人ほど騙されやすい」という言葉がありますが、あなたは、なぜ疑り深い人ほど騙されやすいのかを説明できますか？

冒頭の質問に戻ります。あなたが言葉の通じない外国人の立場に立ったとき、長年従業員すら雇ったことのない経営者に「3．雇う」を選択させる自信がありますか？

実はこれはほんの最近、僕に起きた出来事です。

ちょっとだけ僕の身の上話にお付き合いください。僕は2022年に念願の海外移住を果たし、今はタイのバンコクに住んでいます。移住にあたって、一番のハードルはビザでした。外国人がタイで仕事をするためには就労ビザが必要なのですが、正攻法で行くと就労ビザの取得は大変です。

多くの日本人がタイに来る際には、次の3つが主なビザ取得の選択肢になります。

❶駐在もしくは現地採用の形で会社から就労ビザを出してもらう
❷政府認可の語学学校からエデュケーションビザを発行してもらう
❸エリートビザを購入する

このうち②と③はタイで仕事ができません。しかも維持・更新には結構なお金がかかりますし、期間も制限があります。会社員として就職すれば①の選択ができるのですが、僕のような個人事業主はそうはいきません。

雇われることなくタイに移住するには、いかにしてタイで就労の許可を得るかというハードルが存在します。タイで法人をつくって自分で就労ビザを発行する手段があるのですが、外国で法人をつくるには色々と審査があります。タイの場合は外国人1人につきタイ人を4人雇わなければならない、などの法律があります。

「そんな面倒くさいことはしたくない。しかしタイで暮らしたいし仕事をしたい」

そう考えた僕は、悪魔的な解決策を思いつきました。

それは、すでにタイ人が経営している会社に自分を売り込んで雇ってもらうという策です。ただし「週5に定時で出社」みたいなことは一切したくないので、今の生活をまったく変えないまま迎え入れてもらうことが必須条件です。できれば給料も欲しい。それも毎日遊んで暮らせるほどのお金が。

どうすれば、僕のようなわがままで怪しくて、オマケに言葉も通じない人間を超好待遇で迎え入れてもらえるでしょうか？

答えは簡単です。お金で解決します。

「賄賂《わいろ》を贈る」という話ではありません。相手に儲けさせればいいのです。迎え入れて利益が伸びるなら、その一部を給料で払ってもいいはずです。

仮に僕を迎え入れて1億円の利益が増えるなら、5000万円を給料として払っても5000万円の利益が手元に残るわけですから。

しかし、問題が2つあります。

❶実際に利益を伸ばせるのか

❷こんな荒唐無稽な話をどうやって信じてもらえるのか

①に関しては本書で紹介するノウハウを活用してセールスを強化すれば簡単です。

ここで先に説明したいのは②です。信用がない中で、そんな突飛な話をいかに信じてもらえるのか。

あなたが僕の立場だったらどうしますか？　まずはどんな人をターゲットにするでしょうか。こんな怪しい人間を信じてくれる「人のいい経営者」なんて見つかりっこない！　なんて考えてしまったら試合終了です。

僕の答えは「わりと誰でもいい」です。

人間はそこら中にいます。一日街を歩き回れば、たくさんの人にエンカウントします。経営者なんて、視界に入るお店の数だけいるわけです。そのなかで誰かひとりと仲良くなれたらＯＫです。

そこで僕は自分が通っていた語学学校の先生と仲良くなりました。そして、オーナーに取り次いでもらい、１カ月と経たないうちにビザ発行の許可をもらいました。

「本当？」と思うかもしれませんが、本当です。僕がタイに住めていることが何よりの証拠です。

ではなぜこんなことができたのか？　それは僕の前職が少し特殊だったことに関係があります。

マルチ商法の仕組み

会員を増やし、商品を買う人が
増えれば増えるほど上の人が儲かる

僕の前職はマルチ商法のトップセールス

僕の経歴を紹介させてください。すでにYouTubeでご存じの方も多いかもしれませんが、僕は元マルチ商法のトップセールスです。マルチ商法というのは、俗にいうねずみ講まがいの悪徳商法です。

洗剤を買ったあなたが、友達にも洗剤をお勧めして、その友達Aが洗剤を買うと売り上げの一部があなたに入ってくる。そしてその友達Aがほかの友達Bに洗剤をお勧めして売れた場合、友達Aだけでなく、あなたにも売り上げの一部が入ってくる。さらに友達BがCに洗剤を売ると、友達Bだけでなく友達Aとあなたにも売り上げが入るという仕組みのビジネスモデルです。

一見すると寝ていてもお金が入ってくる夢のような仕組みですが、実際にはそんな簡単に友達に洗剤が売れたりはしません。儲かると思って洗剤を買ったのに赤字になったうえ「怪しい仕事に勧誘しやがって」と友達を失う人がとても多い、というのが現実です。

僕はこのマルチ商法に6年間もの間、どっぷり浸かっていました。

「なんでそんなヤバい仕事をやっていたんだ」「それは犯罪じゃないのか」そう思った方も多いと思います。まず断っておきますが、マルチ商法は犯罪ではありません。ねずみ講（無限連鎖講）は違法ですが、マルチ商法（連鎖販売取引）は違法ではないです。ですので、僕に前科はありません。

とはいえマルチ商法は強引な勧誘活動などによって業務停止になる会社も珍しくない業態であることは紛れもない事実です。

なぜ僕はそんな仕事をやっていたのだと思いますか？

「人を騙してお金を稼ぐのが趣味だったから？」

誓って違います。自分で言うのもなんですが、元々はかなり真面目に生きていました。田舎の公立校から頑張って勉強して早稲田大学の政治経済学部を卒業しましたし、上京してから今に至るまで月1回は親と祖父母に電話を入れています。騙される側になることこそあれ、人を騙すなんてとんでもない。

では、なぜマルチ商法をやっていたのか。

信じられないかもしれませんが、僕は当時マルチ商法を心から良いものだと信じ込んでいました。そう、洗脳されていたのです。昨今、社会問題になっているようなカルト宗教と同じように、マルチ商法の多くの会員はマルチ商法を心から素晴らしいものだと思って広めています。もしくは、「自分がやっているビジネスはマルチ商法ではない！」「時代を先取りした新しいナニカだ！」と思っています。

心から良いものだと思っているからこそ、人を騙すプロでもない素人集団にも勧誘ができるのです。騙す気がないのですから、嘘が上手いとかの問題ではありません。だからこそ罪悪感が芽生えず、なかなか抜け出せない。真面目に学んで成果を出せる人ほどハマっていく仕組みです。

しかし幸運なことに、僕はマルチ商法で稼ぐための勉強をする中で洗脳スキルに出会いました。マルチ商法の活動は、洗脳スキルを身につける環境としては最高で、瞬く間に技術を自分のものにでき、トップセールスまで登り詰めました。しかし、皮肉にも洗脳スキルに詳しくなっていく過程で自分が受けていた洗脳が解けて、マルチ商法を脱会するに至りました。

こうして当時身につけた技術をもとに、洗脳系YouTuberとして「Dr．ヒロの実験室」というYouTubeチャンネルを始めたのが2019年9月のことです。余談ですが洗脳系YouTuberとは、「洗脳のスキルを解説するYouTuber」という意味もありますが、「自分が元々洗脳されていたYouTuber」という意味も込めています。

このような経歴から、僕は人の警戒心を解く達人になりました。もう絶対にやりませんが、初対面の人に会ったその日に怪しいビジネスの話を持ちかけて契約書を交わしてお金を払わせる、なんてことが容易にできます。

「心のガード」を外せれば、人生は好転する

今は当時身につけたスキルを使って、YouTubeで実践的な心理技術を発信したり、メンタルコーチとして人生を豊かにするための自分自身のマインドコントロールのやり方をお伝えしたりしています。特殊な環境で身につけた特殊なスキルを使って少しでも人の役に立つことが、マルチ商法にどっぷり浸かっていた僕にできる償いだと思っています。

そんなこんなで僕は語学学校の経営者に事業拡大の提案を受け入れてもらい、ビザ・就労許可、おまけに定期収入を得る権利まで獲得しました。

今回はWin－Winでむしろ感謝された提案でしたが、「自分はいつでも国際的な詐欺師になれるな」とつくづく思いました。

さて、ここに大切なポイントがあります。初対面の人に自分を信じ込ませる詐欺師

のテクニックは、詐欺だけでなくビジネスチャンスの拡大や人間関係の構築に非常に役立つということです。

本書では、このような相手に自分を信じ込ませる技術「心のガードの外し方」を詰め込みました。この技術はとても悪いことに使えますし、とても良いことにも使えます。

心のガードを外せれば「本当に相手にとってメリットがある提案なのに聞き入れてもらえない」ということがなくなります。また人を励ましたいときに、心のガードの内側から声をかけられると、とても心強い励ましができます。

今の僕のメインの仕事はメンタルコーチングですが、コーチングとは「やりたいことが見つからない」「やりたいことがあるのに叶えられる気がしない」「毎日が楽しくない」といった悩みを抱えたクライアントに、思い通りの人生を生きるための心の使い方や考え方をお伝えする仕事です。

思い通りの人生を生きるには、今まで生きている中で培われた考え方や感じ方を手放す必要があります。言葉で表現すると簡単なことですが、実際にやるとなると簡単なことではありません。文字通り生まれ変わるような感覚で、まったく違う人間の人生を歩むわけですから、仮に同じ住所に住んでいたとしても見知らぬ世界の見知らぬ国で生活をする感覚になります。

このとき、警戒心は最大限に働きます。

僕はこの警戒心を解きほぐすことで「本当はやりたいけど、どうしてもできなかったこと」を「逆になんでできなかったのかが不思議なくらいウキウキでやりたいこと」に変えています。

心のガードを外せると、良くも悪くも人の人生を簡単に変えられるようになります。もちろん自分自身の警戒心を意識的にコントロールできれば、自分の人生も自由自在です。

さらに仕組みを知ることで、このような心理技術を悪いことに使う人たちから身を守ることにもつながります。残念なことに、高度なノウハウは悪いことを考えている人たちからとても熱心に学ばれています。

洗脳の発信をしていると「これを使って悪い人が増える」という意見を頂くことがあるのですが、それは悪い人を甘く見過ぎです。悪いことを考える人たちはとても勉強熱心なので、僕がYouTubeや本で伝えられる程度のノウハウはすでに知っていたり使っていたりする人が大半です。

一方で、悪い人からターゲットにされる善良な市民の多くはこうしたノウハウを学ぼうとしません。

なぜなら、こんなノウハウを知らなくても生きていけるからです。そのため、こうした技術をできる限り楽しくお伝えすることで騙される人を減らせる、と僕は考えています。

マルチ商法のトップセールスだった頃、当時はそれが良いことだと心から思ってやっていましたが、いざ自分の洗脳が解けた今となっては、傷つけてしまった人もたくさんいると思っています。

そんな僕がこれからできることとして、自分が信じたことを本気でやった結果傷つけてしまった人たち以上に、少しでも多くの人が楽しく豊かな人生を送るためのお役に立てたらと考えています。


前著の巻末にも書きましたが、**技術は包丁や車と一緒です。人を豊かにすることにも使えますし、人を傷つけることにも使えます。**

本書を通じて、あなたがこの技術を、人を豊かにすることに使い、その結果としてあなた自身が今よりもっと豊かな人生を送られるように願いを込めて執筆しました。

難しいことを簡単に理解できるよう、例え話や漫画、ゲームなどの引用をたくさん使って解説しています。

漫画やゲームがお好きじゃない人は、真面目さを欠いているように感じるかもしれませんが、ノウハウ自体は実践100％で検証済みの大真面目なものです。ぜひ寛大な心で楽しみながら読み進めていただけると幸いです。

第1章

誰も教えてくれなかった「心のガード」の秘密

会話術を学んでも、なぜ人を動かせないのか

まずは4つの質問にお答えください。

❶「人を動かせるようになりたい」と思ったことがありますか？
❷「話し方の本」を読んだことはありますか？
❸デール・カーネギーの名著『人を動かす』を読んだことがありますか？
❹その結果、人を動かせるようになりましたか？

前著『思い通りに人を動かすヤバい話し方』の第1章のタイトルを「『人を動かす』を読んでも人を動かせないあなたへ」にしましたが、「人を動かせるようになりたい」

と考える人は非常に多いです。

前著を読んでくださった方からは、「以前よりも人とうまく話せるようになった」「仕事で成果が出た」という嬉しいお声を沢山いただきました。

しかし、人を動かすスキルは0－100ではないので、ご自身の「人を動かす力」に100％満足している方は少ないのではないでしょうか。僕も前著や自分の話し方スクールで話し方に関するスキルについてはすべてを出し切るつもりで伝えましたが、ほかにも大切なことがないかと聞かれれば、無限に出てきます。

これこそが、話し方の本が今も昔も大量に売れ続けている理由なのでしょう。

100万部を超えるようなベストセラーの話し方本が毎年のように出ている中で、なぜ新しい話し方本が売れ続けているのか。

それは人を動かすスキルについて誤解している人がとても多く、根本が解決されていないからです。

人を動かすうえで、話し方はとても大切な要素ですが、それだけではいけません。

コミュニケーションは国語ではなく心理学です。人を動かすためには、心理技術を使いこなす必要があります。

心理学が好きな人が陥るパラドックス

面白いパラドックスがあります。とても言いづらいのですが、ぶっちゃけたハナシ、「心理学を学ぶのが好きです」「心理学を学んでいます」と言う人にコミュ障な人が多くないですか？

ギクリとしてしまった方がいたらごめんなさい。この本も心理学を学ぼうと思って手に取られた方が少なからずいるはずです。

ですが、とても大切なことなのであえて言わせてください。

心理学が一大ブームになったにもかかわらず、なぜ人の気持ちをわからない人が多いままなのでしょうか。心理学に詳しい人が増えた一方で、心理学をうまく活用して成果を出している人は一向に増えません。

コミュニケーションが苦手な人が解決策として心理学にハマって、その結果よけいにコミュニケーションが下手になり、でも心理について学ぶのが楽しいから本やセミナーにのめり込んでいく。こんな現象が起きていないでしょうか。

なんだかマルチ商法でよく話される「化粧品は、本当は肌に良くなく、使えば使うほど肌が傷んでいく。だからより高い化粧品が売れていく」みたいな悪循環と似ている気がします。

ただ、これは論理的におかしなことです。心理学は科学ですから、誰が使っても同じ結果にならなければいけません。人から好かれる心理技術を使えば、誰もが同じように好かれるべきですし、セールスやマーケティングの心理技術を使えば、誰もが同じように売れるべきです。

しかし、好かれない・売れない。世の中にはそんな人が溢れています。

僕と洗脳スキルとの出会い

僕の前職、マルチ商法でもこの傾向は顕著に表れていました。マルチ商法をやっている人には、心理学が好きな人がとても多いです。勧誘の入り口として行われるセミナーにも「心理学セミナー」や「心理学実践セミナー」などがよくあります。

しかし、多くの方がご存じの通り、マルチ商法で勧誘を成功させられる人はほんの一握りしかいません。これはなぜでしょうか？「マルチ商法の勧誘が難しいから」では説明になりません。うまく勧誘ができる人も間違いなくいます。

実際に僕もマルチ商法を6年間やっていた中で、前半の3年間はまったく成果が上がりませんでした。しかし後半の3年間では、会う人会う人に百発百中に近い勧誘成功率でした。しかも僕の勧誘はただ名前を書かせて会員にするだけではなく、その日のうちに大抵は10万円以上の売り上げを上げていました。

一般的なマルチ商法の勧誘は、ただ名前を登録して会員になってもらうことはおろか、マルチ商法の話をチラつかせた瞬間に話を聞いてもらえないことが多いです。話を聞いてもらえないだけではなく、「勧誘をしたから」という理由だけで嫌われたり縁を切られたりします。

同じ勧誘をしているのに、一方で話を聞いてもらえないうえに嫌われる人がいて、もう一方で話を熱心に聞いてもらえて売り上げまで上げる人がいる。

この差はどこで生まれているのだと思いますか？

僕自身の経験から、勧誘の成否は、美男美女であるとか、生まれつきの素質だけでは決まらないことがわかります。6年間マルチ商法をやっていたうち、前半3年間はどれだけ頑張ってもまったく成果が上がらなかったのですから。

最初の3年間も手を抜いていたわけでは決してありません。土日返上で心理学やセールススキルのセミナーにたくさん出ました。紹介された本はすべて読み、それ以外にも自分で気になった本をたくさん読みました。

しかし、マルチ商法の大多数の会員と同じように勧誘がうまくいかなかったのです。

そんな僕を変えたのが、洗脳スキルとの出会いでした。洗脳のスキルを積極的に学び、日々の活動に取り入れることで急激に成果が上がるようになりました。

そこで気づいたことがあります。


心理学は本当に使えます。まるで魔法のように思い通りに人を動かせます。


「え？　じゃあ私が今まで学んで効果がなかった心理学とは別の【裏心理学】みたいなものがあるってこと？」

それは違います。一般的に知ることができる心理学に効果がなくて、あまり知られていない洗脳的な心理学に効果がある、なんていうのは幻想です。

「**あまり知られていない強力な心理学**」なんて存在しません。

今の時代、本当に使える知識は一瞬で広まってしまうものです。【裏心理学】みたいなものは、心理学を学んで使ってみた結果、思ったような成果が得られなかった人が作り出した幻想と言っていいでしょう。

洗脳に使われるスキルも同様です。洗脳とは特殊な技術を使うものではありません。誰でも知っているような簡単なテクニックを組み合わせることで、人を思い通りに操るのです。もちろん、法を犯すことをいとわず過激に行うか、気づかれないくらいにさりげなく行うかの差はありますが。

では、本当に使える心理学の知識が広まっているのに、なぜほとんどの人が心理学をうまく使えていないのか。本書のテーマはまさにここです。

それは「心のガード」を外せていないからです。

心のガードの正体

ここで「心のガード」について定義しておきます。

まず扉をイメージしてください。「心を開く」「心が閉じる」という表現があるように、心には扉があります。そして心のガードとは、警戒心というアラートによって機能する心の扉のロック機能のようなものです。

警戒心のアラートが鳴り響くと、心の扉にはロックがかかります。厄介なのが、警戒心が意識ではなく無意識に生じる点です。無意識なので、心のガードは自分の意思で「解除しよう」と思っても解除できません。そのため、外敵から身を守るためのロックが自分を閉じ込めることにもなり得ます。

心のガード

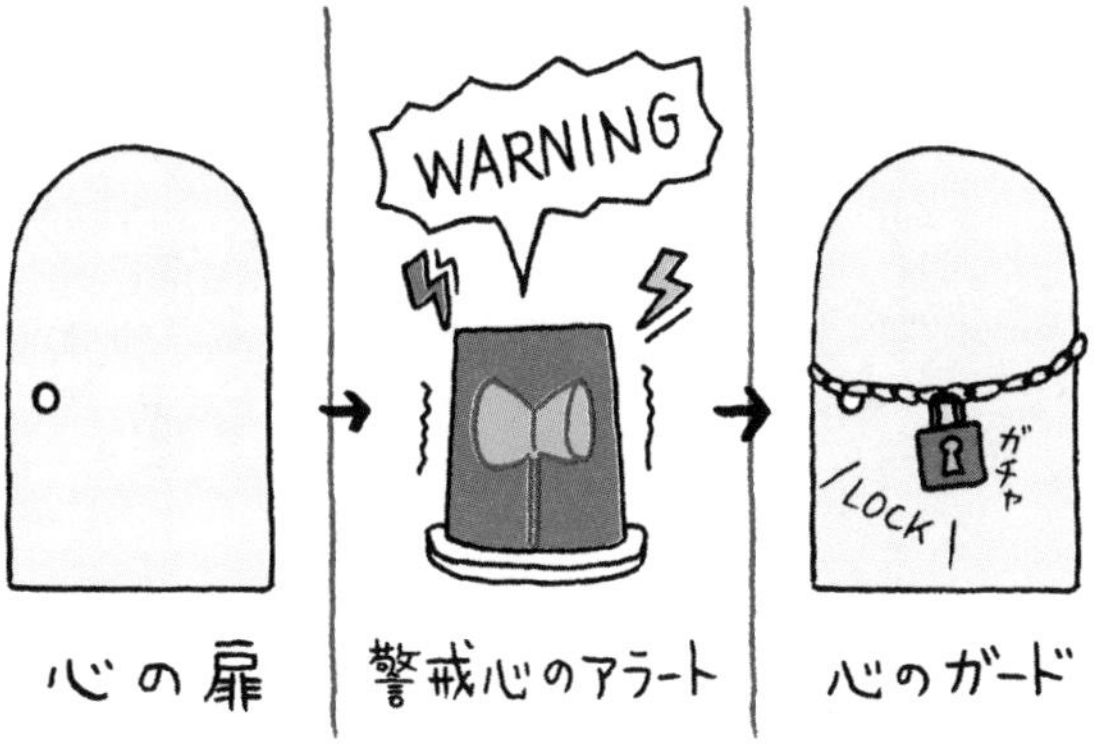

警戒心のアラートが鳴ると
心の扉にロックがかかる

「新しい挑戦をしたい」と顕在意識で思っても、潜在意識に警戒心のアラートが鳴り続けている限り、自分自身の心のガードに閉じ込められてしまい、一歩を踏み出せなくなります。

2020年、コロナウィルスが流行し緊急事態宣言が出されたのを覚えていますか。

緊急事態宣言は感染の拡大を防ぐ一方で、多くの活動を制限することにもなりました。「外に出たい」と思っても、解除されるまでは自由に外には出られない。あれと同じようなことが、あなたやあなたの周囲の人の心の中にも日常的に起きています。

強い警戒心を抱かれてしまうことは、心

の中で緊急事態宣言が出されてしまうようなものです。緊急事態宣言が出されているのに「海外旅行に行かせてくれ！」なんて言ったら、世の中からバッシングを受けるような時期もありましたよね。心のガードが閉じているときに無理やり中に入ろうとするのは、同じような行為です。相手の無意識から総攻撃を受けることになります。

誰しも経験があると思いますが、心が閉じている状態では、他人の意見がたとえ正しくても聞きたくなくなります。それどころか、積極的に反発してしまいます。

この感情も無意識に生じるものなので、時として自分にとって損な行動でも衝動的にとってしまいます。

心のガードを外せば、人は簡単に動かせる

例えば、心のガードが外れているときに親や先生から、「勉強しなさい」と言われて、明らかに勉強したほうがいいとわかっていながらも必要以上にサボりたくなった経験は誰しもあるのではないでしょうか。

逆に、一度でも心のガードが外れてしまうと、人は驚くほど無警戒になります。心のガードの内側では、多少の違和感は見過ごされます。

ここがもうひとつ重要なポイントです。人はいったん疑ってから安心すると、最初から疑っていない人以上に信頼するようにできています。

僕がマルチ商法の勧誘や、タイでの語学学校への潜入をトントン拍子で進められたのはここにカラクリがあります。「警戒されたのに」トントン拍子で進んだのではなく、「警戒されたからこそ」トントン拍子で進んだのです。

ぜひ気をつけてください。いったん警戒の目を向けてからOKを出した人に対して、あなたは必要以上に信頼を抱いています。詐欺師は一度あえて疑わせてから安心させるのです。いったんチェックしたから大丈夫、ではないのです。

心のガードを外すための コミュニケーションの2大原則

心のガードを外すうえで知っておいていただきたい大原則を2つ解説します。

それが「メラビアンの法則」と「情報の優先順位」です。前著でも解説しましたので、すでに人に説明できるくらいに覚えている方はこの節は飛ばしてかまいません。

次回作があるかわかりませんが、もし今後コミュニケーションに関する本を書く機会がまたあったとしても、この2つは必ず解説します。それくらい超必須の前提知識です。

この2つなくしてはどんなコミュニケーションの勉強も無意味になりますので、必ず覚えてください。

原則1・メラビアンの法則

メラビアンの法則とは、コミュニケーションにおいて「視覚情報55％、聴覚情報38％、言語情報7％の順で印象が決まる」という法則です。「人は見た目が9割」という言葉の元ネタでもあります。

ほとんどのコミュニケーション本を読んでもコミュニケーションが上達しない原因は、たった7％でしかない言語情報について紙面の大半、またはすべてを割いているからです。これは、美味しいカレーを作ろうとしているのに福神漬けの勉強から始めるくらい効率が悪いです。

心のガードを外す際にも同様です。フレーズで人の心は動きません。「このフレーズを言えばいい」みたいな発信はウケがいいので本やＳＮＳでもたくさん解説がされがちですが、あくまでも「カレーにおける福神漬け」にすぎないという事実を忘れないでください。

福神漬けがどれだけ美味しくなったとしても、ルーとライスが不味かったら、そのカレーを「美味しい」と言う人はいませんよね。逆に福神漬けだけ不味かったとしても、ルーとライスが美味しかったらそのカレーを「美味しい」と言ってくれる人は少なくないはずです。

「メラビアンの法則」が覚えづらい人は「カレーの法則」と覚えてください。

視覚情報がルー、聴覚情報がライス、言語情報は福神漬けです。

美味しいカレーを作るなら、ルーとライスにこだわりましょう。そのうえで美味しさを引き立てるのが福神漬けです。

言語情報は脇役、オマケなんです。

「さしすせそ（さすがですね、知らなかったです、素敵です、センスありますね、そうだったんですか）でリアクションしましょう！」とか「天気の話題は避けましょう」とか「理由は3つあります、と言いましょう」とか、こういったテクニックは全部忘れてくだ

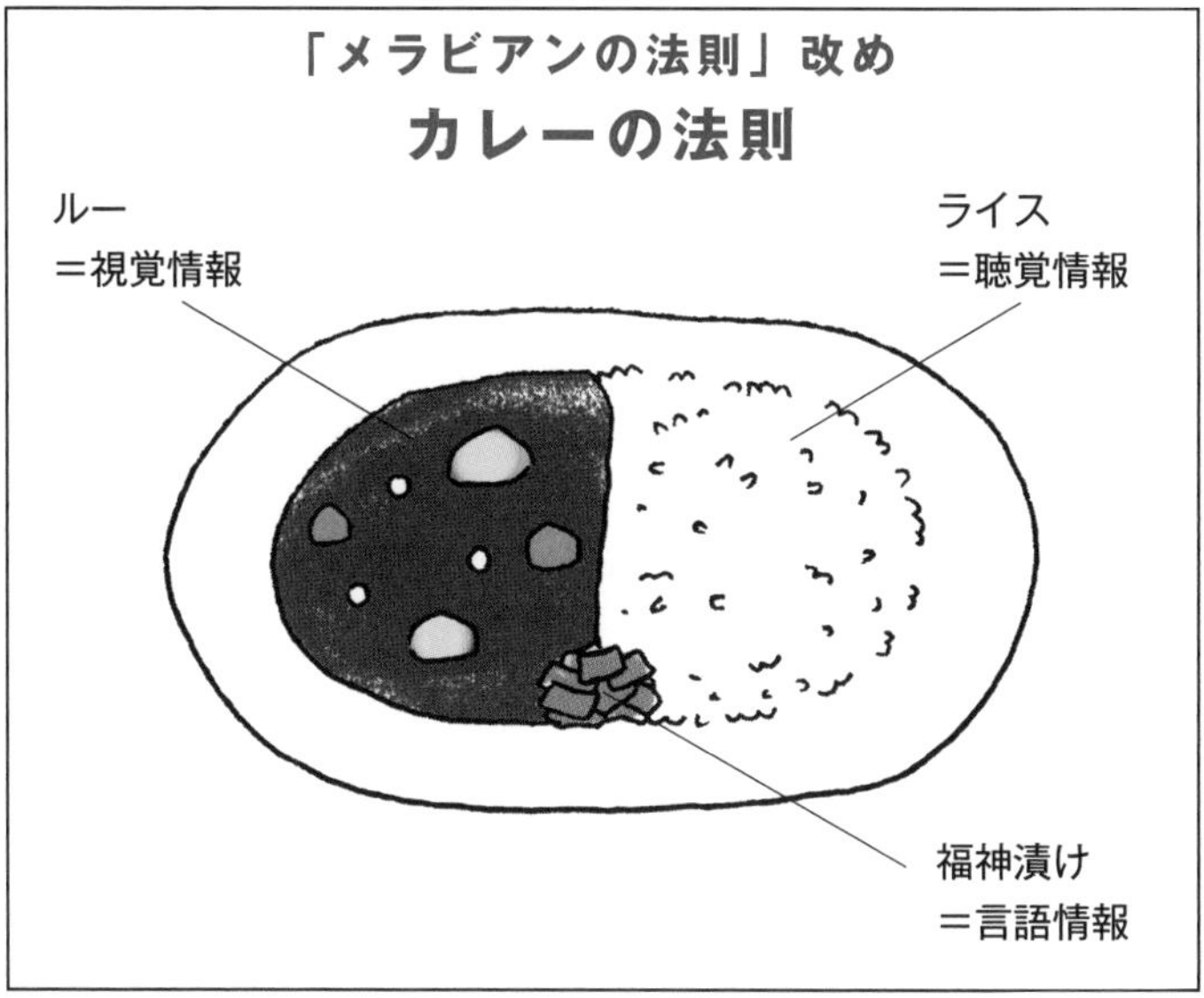

さい。それらはすべて福神漬けです。個人的に福神漬けは美味しくて大好きですが、美味しいカレーを作るときに最優先にすべき課題ではありません。

美味しいカレーを作りたい人は、次の言葉を心の厨房に貼っておいてください。

コミュニケーションは国語ではなく、心理学。

国語的に間違った言葉を使っても印象が伝わりやすければ有効なコミュニケーションになります。

この流れで「辞書を調べましたがコミュニケーションの定義を間違えています！」

なんてツッコミをする人は、コミュ障と言われますよね。辞書的に正しくても、コミュニケーションの現場では間違い、なんてことは沢山あります。

ハッキリ言います。コミュニケーションの上達とは、視覚的・聴覚的な表現力が向上することです。論理的に正しい話ができたり、わかりやすい言い回しができたりすることは、コミュニケーションの成果にはほとんどつながりません。

そんなことより見た目を磨きましょう。聞きやすい声で話しましょう。話す場所を選びましょう。これがコミュニケーションにおけるルーとライスです。

原則2．情報の優先順位

メラビアンの法則と同じくらい重要な原則がこちらです。情報の伝わりやすさには優先順位があります。

1　誰が言うか

2　なぜ言うか
3　どう言うか
4　何を言うか

この順番です。「誰が言うか」が一番大切です。
その次に、「なぜ言うか」＞「どう言うか」＞「何を言うか」と続きます。
極論に聞こえるかもしれませんが、**視覚情報・聴覚情報が優れている人が言うことは大抵受け入れられます。**

「誰が言うか」は一番重要な要素です。心理学で言うとハロー効果が有名です。ハロー効果とは「何かひとついいところがある人は、ほかのところもいいと思われがち」という現象を表す心理効果です。

例として有名なのは、1974年のカナダの選挙についての調査です。イケメンの政治家がイケメンではない政治家の2・5倍の票を集めました。「イケメンに人気が出るのは当然でしょう」と思った方、結論を急がないでください。

この実験が面白いのは、イケメンの政治家に投票した理由を調査した点です。イケメンの政治家に投票した人に理由を聞いたところ「顔がいいから」と言う理由で投票した人は14%だったそうです。大多数の人が「政策がいいから」「実績があるから」など見た目とは関係ない点を評価しました。見た目という一点が良い印象を与えることで、それ以外の点もプラスに評価される。これがハロー効果です。

まず「誰が言うか」が最も重要である。この前提と向き合ってください。

次に重要なのが「なぜ言うか」です。美男美女だったらなんでも受け入れられるかと言うとそうではありません。

悪意があったり、見下したりする意図での発言は当然受け入れられません。

「なぜ、なんのために、**何を意図してコミュニケーションを取るか」で、相手に受け入れられるかどうかは大きく変わります。**

なぜなら「意図」はあなたの細かい表情や仕草などに無自覚に表れ、それが雰囲気として相手の無意識にキャッチされて警戒心のフィルターで精査されるからです。

子どもの頃を思い出してみてください。

同じ「よく怒る先生」でも人気の先生と嫌われている先生がいませんでしたか？生徒のために怒れる先生と、自分のメンツのために怒る先生。生徒から同じように慕われるわけがないですよね。

「誰が言うか」の次に、「なぜ言うか」が重要です。このルールも必ず押さえてください。

「覚えること多くて大変そう」と思ったあなたに朗報です。優先順位はこの2つだけでOKです。あとのことは覚える必要はありません。どう言うか・何を言うかは、極めてどうでも良いことです。

「誰が言うか」「なぜ言うか」この2点さえ押さえてしまえば、コミュニケーションの印象操作はほぼ完成します。

にもかかわらず、世の中のコミュニケーション本で「何を言うか」「どう言うか」の解説がなんと多いことか。カレーを作るのに、付け合わせの福神漬けとラッキョウの解説をしているようなものです。福神漬けとラッキョウって、それはカレーの本じゃなくて漬物の本ですよね。

そうです。世の中には美味しいカレーを作りたいのに漬物の本から学んでいる人が大半なのです。これでカレーが美味しくなるわけがありません。だから心理学やコミュニケーションの方法を学んでも、実際には成果が出ないのです。

むしろラッキョウや福神漬けの知識ばかり増えて、「よしこれで大丈夫」と勘違いしてしまい、肝心のルーとライスを軽視しがちです。これが心理学を学ぶ人ほどコミュ障が多い原因です。「誰」「なぜ」の軽視によってコミュ障が生まれます。

もし今後コミュニケーションをどこかで学ぶ機会がある人は「これはラッキョウか？　カレーのルーか？」という視点を持ってみてください。学習効果が飛躍的に高まるはずです。

以上、コミュニケーションの大前提となる2つの大原則を紹介しました。次に、心のガードの外し方をマスターするとどんなことができるのかについて、僕の実体験をもとにお話しします。

僕が韓国式マッサージ店のおばちゃんキラーだった話

僕はマルチ商法をやっていた頃、マッサージに通い倒していました。

一日中、同じ姿勢で何時間もプレゼンで話し続けるので、腰がひどく凝っていたのです。多いときは一日一回の頻度で近所の韓国式マッサージ店に通っていました。

そのためマッサージ店のおばちゃんと話す機会が毎日のようにあるのですが、おばちゃんも僕に興味津々です。平日の昼間から毎日のようにマッサージに来る20代の男性なので、何をやっているのかが気になったのでしょう。

聞かれるがままに、僕は自分の生活や仕事についてお話をしていました。当時の僕はマルチ商法の洗脳がバキバキに決まっていましたから、「素晴らしいビジネスに出会えてしかも稼げるなんて最高すぎる！」と本気で思っていました。

それで思ったことをそのまま話していると「ソレ、ワタシニモデキル？」とおばちゃんに言われることがよくありました。特に勧誘する気で話したわけではないのですが、こんな素晴らしい（と思い込んでいた）ビジネスを隠す理由もないので、「じゃあ詳しく話してあげるから、来週の予定を空けといてよ」などと答えていました。

実際に話を聞きに来たおばちゃんは、即入会。それだけでなく、自分の友達や旦那さん、時には、旦那さんとは別に愛人を連れてくる人までいました。

普通の人はなかなか話すら聞いてもらえないマルチ商法の勧誘ですが、僕には向こうからお客さんがやってきて、時に愛人すら連れてきて、ノリノリで契約していきます。

それだけではありません。僕はマッサージ店のおばちゃんから非常に好かれていました。1時間半コースで入ったのに、勝手に3時間マッサージされ続けることもありました。もちろん、お代は1時間半コースです。

また、姪《めい》っ子とお見合いをセッティングされたこともありました。しかも驚いたことに、その姪っ子は芸能人顔負けの美人でした。当時の僕はマルチ商法が忙しかったので断りましたが、もう少し時間的に余裕のある状況だったら、僕は韓国人と結婚していたかもしれません。

顔面偏差値50以下だった僕が、「人は見た目が9割」の世界で勝ち残れた理由

もちろん僕の自然体な勧誘はマッサージ店のおばちゃんだけでなく、若い女性にも有効でした。

僕はマルチ商法の主な勧誘手段としてマッチングアプリを使っていたのですが、セミナーなどほかの予定がない日であれば1日に3人の女性と出会い、そのままビジネスのプレゼンをして契約まで済ませていました。

マルチ商法では休みという概念がなかったので、これを毎月30日です。月に100名近くの女性と出会って、ただ会うだけではなく怪しいビジネスのプレゼンを聞かせ、その日のうちにひとり当たり10万円以上の売り上げを作っていました。単純計算で1000万円ですね。

なお、僕のルックスは決して良いほうではありません。元々の顔面偏差値で言うと50以下です。そして同志諸君には残酷な事実ですが、初期の出会いにおいて見た目は

非常に重要な要素です。

ちょっと古いですが、１９６６年に海外の大学で行われた実験を紹介します。ちなみに古い実験しか見つからないのは、今の時代に同じような実験をしたら大炎上するからだと思います。

その実験では、大学で出会い系のパーティーを開き、参加者の男女には最初に性格診断を受けてもらいました。その後、男女をマッチングしてパーティーを行ったあとで「マッチングした相手とデートしたいか？」という質問をしました。

その結果、どんな性格の人が「デートしたい」と評価されたと思いますか？明るい・社交的・知的、こういった性格を思い浮かべた方もいるかもしれません。しかし結果は、「デートしたい」と思われやすい性格は存在しないことがわかったのです。

そして、この実験が面白いのはこの先です。実は性格診断の際に、参加者には秘密で、第三者によって参加者のルックスを採点していました。その採点結果と「デートしたいか」という質問への回答を照合した結果、ルックスの評価と「デートしたい」という回答に明らかな相関関係が見られたのです。

つまりパーティーで何を話したか、どんな雰囲気だったかよりも、見た目こそが恋愛に発展するかを決定づけていた、という実験結果です。

「それはおかしい！　私は交際相手を性格で選んでいる！　見て私の彼氏！　ブッサイクな顔よ！」と思ったそこのあなた、安心してください。

この実験は初対面の印象を判断するための実験です。付き合いが長くなればなるほど、見た目よりも性格が占める割合が大きくなります。しかし初対面や、まだ関係が浅いタイミングで恋愛対象かどうかを判断する場合においては、見た目が非常に重要な要素になります。

ですので、人との出会いにおいて、見た目が良くなければ非常に大きなハンディキャップを負うことになります。

では、なぜ見た目が平凡以下の僕がマッチングアプリで毎日のように複数の女性と出会い、そして信用してもらえたのでしょうか。

その理由は2つです。

ひとつは、会う前のメッセージのやり取りで相手の心のガードを外したことです。

そしてもうひとつの理由は見た目を改善したからです。


元々は並以下の見た目であった僕ですが、改善を重ねた結果、初対面の段階で恋愛対象から外されてしまうような足切りには引っかかりづらくなりました。

もちろん元々のイケメンの方には及びませんが、心のガードを外すスキルを習得したことと相まって、マッチングアプリでは平均的なイケメンの人以上に沢山の女性と出会うことができていました。

ちなみにマルチ商法をやめたあとには、恋愛という本来の目的でマッチングアプリを使った時期がありましたが、マルチ商法をしていた頃と同じようにたくさんの女性と出会えて、デートできました。

勧誘するのも、恋愛対象として出会うのも、本質を突き詰めれば同じです。お金を稼ぐのも恋愛をするのも「子孫を残したい」という本能から発生する欲求だからです。

ですので、個人的な持論になりますが、「モテる」と「仕事ができる」はほぼイコールだと思っています。新入社員の採用面接でモテるかどうかを採用基準に入れれば、高い精度で優秀な人材を確保できるかもしれませんね。

第2章

「心のガード」を外す第一印象の作り方

第一印象とは：アンミカの法則

コミュニケーションは第一印象がすべてと言っても過言ではありません。

第一印象が悪いまま好かれる人になるのは無理です。

「最初は印象が悪かったけど、話していくうちにギャップに惹かれて……」なんて胸キュン展開は、漫画やドラマでは定番ですが、現実ではあまり起きません。珍しいからこそドラマチックな展開として漫画やドラマのワンシーンになるのです。

ハロー効果について解説したのを覚えていますか？

ハロー効果とは「何かひとついいところがあると、ほかのこともすべて好意的に解釈してもらいやすくなる」という現象です。例えば見た目がいいだけで、頭も性格もいいと思ってもらいやすくなります。

では第一印象とは見た目だけか、というとそうではありません。見た目が良くても第一印象が良くない人もいます。

ではどうすれば第一印象を確実に良くできるでしょうか?

答えを言います。それが、

❶安心感
❷見た目
❸勘違い

この3つの要素です。それぞれの頭文字を取って「アンミカの法則」と覚えてください。この3つの要素さえ完璧にすれば、小手先のテクニックを使う必要はなくなります。

この章では、第一印象を完璧にするための3つの要素について詳しく解説します。

安心感とは生物的な本能で感じるもの

3つの要素の中で最も根幹にあるものが「安心感」です。人は安心感を感じさせてくれる人に心を開きます。逆に安心感を感じさせてくれない人には警戒心を抱き、心のガードを閉じます。

では、あなたに質問です。

安心感とは何でしょうか?

国語的な説明ではなく、コミュニケーションで実際に使えるように説明をしてみてください。「一緒にいて落ち着く」「ほっとする」でしょうか? これでは説明というより言い換えただけです。

心のガードを外すための「安心感」について明確な定義をお伝えします。

安心感とは「この人といると生存確率が上がる」と相手の本能が感じる状態です。

逆に「この人といることで生存確率が下がる」と相手が感じると警戒心を抱かれたり嫌われたりします。

あなたは「ラポール」という言葉を聞いたことがあるでしょうか。

心理学が市民権を得てからかなり有名な言葉になったので聞いたことがある人は多いはずです。しかし「ラポール」という言葉を明確に説明できる人はいったいどれほどいるでしょうか。

「ラポールとは、心からの信頼関係が築けている状態」こんな説明がよくされます。国語的には間違っていないかもしれませんが、「心からの信頼関係が築けている状態」ってそもそも何でしょうか。これ以上の説明をあなたはできますか？

ここが曖昧《あいまい》なままでは、どうやったら「心からの信頼関係」が築けるのかよくわかりませんよね。実践的な知識とは呼べません。

実は、このラポールこそが「一緒にいることで生存確率が上がる」と相手の生存本能に認められている状態です。

ではどうすれば一緒にいることで生存確率が上がると思ってもらえるでしょうか。

これは人やシチュエーションによって多岐にわたります。

巷の恋愛本や心理学の本などで語られる「モテるテクニック」は、限られたシチュエーションごとに、「具体的にこれをやれば生存確率が上がると信じてもらいやすくなる」という行動パターンを紹介しているにすぎません。


適切な場面で活用できれば有効ですが、モテない人はどのテクニックをどういうタイミングで使えばいいかの立ち回りがわかっていないからモテてないわけです。

果たして恋愛本で解説された行動パターンを適切なタイミングで使えるのでしょうか。個人的には極めて難しく、ギャンブルに近いと思います。


そんな賭けをするためにモテる行動を暗記するより、ラポールの原則をひとつ知っておくほうが、適切な考えと行動がとれるようになります。

今日からあなたは人と会うときに「どうしたら生物的な安心感を感じてもらえるか」を考えて接してください。具体例は後ほど解説します。

ガリガリインテリメガネより細マッチョスポーツバカのほうがモテる理由

そしてもうひとつ重要なポイントをお伝えします。

人の本能は原始時代からプログラムされており、そこから大して変わっていません。

人類の進歩は、生物の進化に比べて早すぎました。生物が進化を遂げるためにかかる年数というのは、数千年・数万年という膨大な単位です。

一方で人類の文明は、ここ数十年で急速に進歩しました。ほんの30年前は、スマホどころかガラケーすら浸透していなかったのです。

私たちの本能は、食事をするために狩りをしていた時代から大して変わっていません。だからこそ肉体労働が必須ではなくなった現代においても、ガリガリインテリメガネより細マッチョスポーツバカのほうが圧倒的にモテるのです。

仕事ができそうな人がモテるのであれば、会社員が主流である現代においては学歴が高いほど平均所得は高いわけですから、ガリガリインテリメガネのほうがモテるはずですよね。
しかし、実際にはまったくそうなってはいません。

我々男子はモテるためにジムに通い、ボディバランスを良くするために「普段使ってない筋肉」を無理やり鍛えるのです。普段使ってない筋肉って実用性ゼロですが、モテるために鍛えて筋肉痛に耐えます。

鍛えられた体は、健康で長生きできることに加えて外敵から身を守り、狩りで食料をもってこられる確率の高さを見た人の本能に訴えかけます。だから今の時代には実用的でなくても細マッチョはモテるのです。ドラマ『ドラゴン桜』では「バカとブスほど東大に行け！」という有名なセリフがありますが、人間関係を豊かにしたいなら「バカとブスほど筋トレに行け！」です。

ほかにも、原始時代の本能を意識すると、様々な恋愛テクニックに説明がつきます。一つひとつ覚えなくても、自然とモテる行動がとれるようになります。

例えば、飽食の時代に入り餓死するリスクがほぼゼロとなった日本においても、私たちの本能には餓死の恐怖が埋め込まれています。

だからこそ、「飲食店で同じものを注文すると好感度が上がる」というテクニックが有効なのです。食の好みが同じ人と一緒にいれば、食料を確保できる確率が上がりますよね。

外敵から守ってくれて、食料の安全を確保してくれて、自分の気持ちを理解してくれる人。そんな人に安心感を抱くように私たちはプログラムされています。

難しい言葉を使うと「類似性」と「共通性」が大切です。簡単な言葉だと「なんとなく似ていて共通点が多かったり気が合ったりする」と相手に感じさせることが大切です。

初対面で「心のガードを外す」2つのテクニック

ここまでの内容を踏まえて、初対面で有効な具体的テクニックを2つ紹介します。

1．ペーシング

ペーシングとは、読んで字のごとく相手とペースを合わせることです。相手と話す速度を合わせてみてください。速度だけでなく、テンポも合わせましょう。速度とテンポの違いはわかりますか？

1分間あたりで話す文字数が速度で、テンポとは「間」と呼ばれる、言葉を発していない時間の長さと頻度です。

質問を投げかけてから相手が答えるまでに1秒かかるのであれば、あなたも1秒待ってから答えてください。頭の回転が速い人は要注意です。即レスが常に正解とは限りません。会話の最中に相手が質問に答えるために1秒止まっているのに、あなただけが0秒で回答してしまうと、相手は居心地が悪く感じてしまいます。

念を押しておきますが、頭の良さをアピールするために難しい質問をしたり、逆に相手の質問に対して自分だけが即答したりすることは、完全に逆効果です。

ちなみに大学時代の僕はこの逆効果街道を全力で突き進んでおり、「頭がいい＝かっこいい＝モテる」と勘違いしていました。地獄のようにモテなかったことは言うまでもありません。

2．不安の先出し

セールスなどをしていて、ビジネスで人と出会う機会が多い人に覚えていただきたいのが、「不安の先出し」です。

これはマルチ商法のマニュアルでは定番のテクニックです。

マルチ商法のビジネスの話を聞いたら、初めての人は誰でも不安になります。実はその原因はマルチ商法が怪しいからではありません。ビジネスをしたことがない人がビジネスの話を聞くと不安になるのです。

僕は、相手が「聞きたい」と言ってからビジネスの話をしていましたが、「聞きたい」と言ったところで初めての話を聞くときには期待と不安が入り混じるものです。本能はこんな声を上げています。


「確かに収入が増えたら今より生活が良くなるかもしれない。でも今は毎日ご飯が食べられているでしょう!? もし新しいことをしてご飯が満足に食べられなくなったらどうする？ 危ないんじゃない？ 生存確率落ちちゃうんじゃない？」

さあ、あなただったらどんな話をしてこの相手の不安を払拭《ふっしょく》することができるでしょうか？ 僕が実際にしていたことを紹介します。

まず初めにすることは、相手が不安を口にする前に僕もまったく同じ気持ちだったことを話すのです。これは超重要なテクニックです。勧誘以外でもあらゆるシーンに使えます。

相手が感じているであろう気持ちを「俺は○○って感じていたんだ」と伝えると、相手にとっての僕は一気に怪しい話をする人（敵）から、自分の一歩先を進んだ頼もしい案内人（味方）に変わります。

僕がマルチ商法で勧誘トークをする際、必ず話していた前置きは次のようなものになります。

「俺、最初この話を聞いたときに楽しみだったのと同じくらい、めちゃくちゃ不安だったんだ。だってさ今までやったことないビジネスの話を聞いたら誰でも怖いと思うじゃん。思ってなかったら既にやってるじゃん。

だから○○ちゃんも、たぶんこの話を聞いたら不安になると思うけど、それ全然おかしいことじゃないから大丈夫だよ。むしろそれだけ今までの仕事とは違うってことだから、今に不満があるなら不安と同じだけチャンスがあると思って、楽しみのほうにも目を向けてみて！」

不安を先回りして「その不安は大丈夫な不安だよ」と教えてあげる。そうすると、あなたは「不安を取り除いてくれる味方」というポジションを得られます。

結果として、心を開いてもらえるだけでなく頼りにしてもらえます。悪意をもってこれを使えば、相手をあなたに依存させることすらできてしまいます。悪用は絶対にしないでくださいね。

最も人に嫌われる個性

クサイは大罪

あなたが世界中の話術を完璧にマスターしたとしましょう。タモリさんより聞き上手で、明石家さんまさんより雰囲気作りが上手くて、松本人志さんよりすべらない話ができたとします。

それでも、あなたの口からドリアンと納豆をミキサーにかけたような臭いがしたら、あなたとの雑談は苦痛でしかなくなります。江戸時代には狭い密室で口がクサイ人と2人きりで話をさせる拷問があったといいます。と言われたら信じてしまうくらい、口がクサイ人と話すのは苦痛ではないですか？

僕がマルチ商法をやっていた頃の話です。見た目は可愛い、愛嬌《あいきょう》もある、やる気もある。でも勧誘が全然うまくいかない。そんな女の子がいました。彼女が成果を上げられなかった原因は……この流れで想像がつくと思います。口からとてもアバンギャルドな香りが漂っていたのです。

しかし、その事実を若い女の子に伝えるのはなかなか酷です。

そうは言っても伝えないとその子がずっと損し続ける……そう考えた僕は、本人に直接言うのではなく、全体向けに言う作戦を取りました。

「みなさん、セールスで一番大切なことはなんだかわかりますか？　口がクサくないことです！　どんなに完璧に話しても口がクサかったら話を聞きたくないですよね？　たとえどんなにカッコ良くても、可愛くても、口がクサかったら台無しですよね！　ですから食後はちゃんと歯を磨きましょう！　3カ月に1回は歯医者さんにクリーニングに行きましょう！」

そんな話を週に何度もしました。特にその女の子が参加しているセミナーではテーマにかかわらず毎回のように言いました。「歯医者の回し者か？」「歯磨き粉を売りたいのか？」と疑われていたと思います。それくらい必死で話しました。だって「勧誘がうまく行きません〜！」って相談されるのは僕ですから。しかもなぜか話すときの顔が近い。僕は潔癖症なので、心底辛い仕事でした。

その女の子は僕のセミナーを毎回キラキラした目で聞いてくれました。反応も良かったのでとても話しやすかったです。「10メートル以上離れていればいい子なのになー」そう思っていました。

そんな日々を過ごしていた中で、2カ月くらいして、久しぶりにその子と半径1メートル以内の距離で話す機会がありました。

「もう大丈夫だろ。あれだけ素直にセミナーに参加していたんだ」
「ヒロさん相談いいですかー？」
「うん、どうし………なんでだよ！」

という心の声を隠しながら「うん、どうした？」と笑顔で返したのは、茶色い思い出として僕の心に色濃く刻まれています。その女の子は稼げないまま消えていきましたが、最後まで口臭が改善されることはありませんでした。

きっと自覚がなかったのでしょう。人は都合の悪い事実は認識できないようにできています。まさか自分がクサイなんて思ってないし思いたくなかったでしょうから、僕のセミナーを聞いても「いるいる！　そういうクサイ人ってほんと嫌だよねー」と思っていたのでしょう。

ちなみに、口がクサイと思った会員はひとりではありません。虫歯がそのまま放置されている臭《にお》いの人とか、何人かいました。いかにも不潔そうな人だけでなく、身なりはちゃんとしたイケメンだったり、可愛かったりする女の子でも普通にいました。

みなさんどうか、3カ月に1回は歯医者さんでメンテナンスする習慣を持ちましょう。ついでに夏場は汗拭きシートや制汗スプレーを携帯しましょう。

前著では「ブサイクはマナー違反。ダサいは重罪」「ブサイクに限って見た目にかける金をケチる」と異常に大きな文字で書いて、そのページがバズったりしましたが（※誰しも雰囲気イケメン・雰囲気美女になれるという文脈で書きました、差別的な意図はありません）、これにひとつ追加します。

ブサイクはマナー違反。
ダサいは重罪。
クサイは大罪。

初対面における「取り返しのつかない要素」

最初の呼び方で人間関係が決まる

さて、そろそろ会話について言及します。あなたはドラクエをやったことがありますか？

「おい！　会話って言っただろ！　なんで国民的ＲＰＧのタイトルが出てくるんだよ！」そう思いましたか？　逆に聞きたいです。ドラクエを語らずして会話を語るつもりだったのかと。

ＲＰＧには「取り返しのつかない要素」なるものが存在します。「取り返しのつかない要素」とは、ストーリーが進行してしまうと回収できなくなるアイテム・キャラクター・イベントなどを指します。見落としたままストーリーを進行させてしまい、貴重なアイテムやイベントを逃したままセーブしてしまうと、ストーリーの最初からやり直さなければいけなくなることもあります。

もし、この取り返しのつかない要素が、あなたが人と出会うたびに見落とされているとしたらどうでしょう。恐ろしいと思いませんか。

その取り返しのつかない要素こそが「呼び方」です。

人と仲良くなる難易度は、最初の相手の呼び方でほぼ決まります。

原則、名前かあだ名で呼んでください。苗字呼びは避けましょう。例外としてオフィシャルな場で出会った人や、苗字呼びが定着している目上の人には仕方ないとしても、プライベートで出会った人は普段苗字で呼ばれていても、なるべく名前かあだ名で呼んでください。

「最初から名前やあだ名で呼ぶのは抵抗がある。まずは苗字から」

そんなこと考えてはいけません。まだ仲良くなっていないから苗字呼びになるのではなく、苗字で呼んでいるから仲良くなりづらいのです。

特に女性と話すことに慣れていない男性は気をつけてください。僕もそうでした。僕は高校時代を田舎の男子校で過ごしたことを言い訳に、大学に入ってからしばらくの間（約4年間）女性と話すのがド下手クソでした。

当時の僕は女性に対して、最初から名前やあだ名で呼ぶどころか、ほかの友達から名前で呼ばれている人にすら苗字呼びをしていました。

「ちょっと待って。まだ仲良くなってない人に名前で呼びかけたら変な空気になったことがあるんだけど」そんな思い出のある人はいますか？　その場合、気まずくなった原因は呼び方ではなくあなたの第一印象です。

第一印象がよほど悪くない限り、普段から名前やあだ名で呼ばれている人に「○○って呼んでいい？」と聞いたうえで、名前やあだ名で呼びかけて悪く思われることはまずありません。

むしろ、人は名前やあだ名で呼びかけられると、「自分を認めてくれている・受け入れてくれている」と感じます。自分の名前は最も心地良い響きのひとつですので、**積極的に名前で呼びかけましょう。**

「ねえ」とか「あのさ」とか、なんとか名前を呼びかけずに話そうとして、「あ、私に言ってる？」みたいに聞き返された経験は、あなたにはないでしょうか。僕にはあります。ここから仲良くなるイメージって湧きますか？　ドラクエ5で炎のツメを取らないままムドーに挑むくらいムボーです。いや、無謀です。

呼びかけるだけでなく、あなたも名前やあだ名で呼んでもらえるようにしましょう。

自己紹介のときに苗字だけを名乗るのは最悪です。

自己紹介ではフルネームを名乗ったあとに「トンヌラ（あなたの名前かあだ名）って呼ばれているのでそう呼んでください」と言いましょう。名前か苗字、どちらか一方を伝えるのであれば名前だけを名乗ってください。

初対面の人にかけるべき「至高の一言」

「名前かあだ名で呼ぶことが大切なのはわかった。しかし、初対面の人と出会ったときになんて話しかけたらいいかわからない」

そんな悩みを持っている人は多いのではないでしょうか。

奥義を授けます。

初対面の最初の一言には明確な正解が存在します。なんだと思いますか？　「今日は暑いですね」でしょうか。違います。天気の話題はコミュニケーション界隈で永遠のテーマのように扱われています。「まず初めに天気の話題から始めなさい」と解説する本もあれば、「初対面で天気の話題は避けましょう」と解説する本もあります。

なぜ真逆のことが解説されているのかわかりますか？

それは、どちらも正解ではないからです。では何が正解なのか？

では初対面の相手にかけるべき言葉の正解をお伝えします。
初対面の相手にかけるべき言葉とは、

「相手が思っていそうなことを、自分が思っているテイで話す」

です。

緊張していそうな人には「緊張しています？」と聞いてはいけません。
仮にあなたが口を半開きにしてヨダレを垂らすほどリラックスしていたとしても、

「いやー、僕緊張しているんですけど……こういうとこよく来るんですか？」

こう話しかけてください。

アンミカの法則を覚えていますか？

まず初対面で大切なのは「安心感」です。

「よかった！　この人も同じ気持ちなんだ。こう考えているのは私だけじゃないんだ」そう思わせることで相手に安心感を与えています。

間違っても、落ち着いてるマウントを取ろうとして強がって「もしかして緊張していますか？」なんて聞いてはいけません。「この人は緊張していないのか」「ひょっとして自分は場違いなんじゃないだろうか」など相手を不安にさせてしまいます。

相手が思っているであろうことを自分が思っているテイで話すことで「自分だけじゃない。この人と私は気が合うかも」という安心感と同時に、仲間意識を芽生えさせたり、「この人は私の気持ちをわかってくれる」と感じさせることができます。

「天気の話題から始める」も「天気の話題から始めてはいけない」もどちらも正解ではない理由は、何が正解かは相手が何を思っているかで決まるからです。

暑そうにしている人がいたら「今日は暑いですね」が正解ですし、突然の雨で困っ

心のガードを外す一言

×

相手が思っていそうなことを話す

○

相手が思っていそうなことを、
自分が思っているテイで話す

てそうな人がいたら「突然の雨で困っちゃいますね」でいいんです。しかし特に気温や天気について意識してない人に対して「今日は暑いですね」これは不正解です。

とはいえ何を考えているのかわからない人と話すときに、当たり障りのない話から始めることは、ハードルを下げられるのでそこまで悪くありません。中身のある話をしようと一生懸命考えて難しい話題を振るよりはよっぽどマシです。

また、マッチングアプリでの出会いや、セミナーなど、同じようなシチュエーションで何度も人と出会うような場合、最初に話しかける言葉をテンプレ化しておくのも手です。テンプレを決めておくことで「何を話そうか」なんて緊張せずに自然に言えます。

例えば、マッチングアプリで知り合った人と初めて会うとき、相手は何を考えていると思いますか。「写真と全然違う人が来たら嫌だな。イメージ通りだといいな。話しやすいといいな。私のこと気に入ってくれるだろうか」ざっとこんなことではないでしょうか。出会い頭でその不安を解消してあげるんです。

「初めまして。ヒロです。よろしくお願いします。いやー良かった、写真めっちゃ可愛かったから全然違う人が来たらどうしようかなって心配だったんだけど、写真より可愛いね。すごく緊張したんだけど安心したよ」

こんなところでどうでしょうか。マッチングアプリを使っている男性の参考になれば幸いです。女性の読者の方は、もし男性がこのセリフを言ってきたら本書の読者である可能性が高いので、それを逆手にとって知らないふりをして主導権を握ってください。

認知的不協和で仲がいいと勘違いさせる方法

先程の僕のマッチングアプリの初対面のトーク、ちょっと馴れ馴れしいと感じた人も多いのではないでしょうか？

実はこれ、狙ってやっていることです。アンミカの法則最後の「カ」は、勘違いの「カ」でしたよね。勘違いについて解説します。

「認知的不協和」「錯誤帰属」という言葉を聞いたことがありますか。

恋愛ノウハウなどでよく紹介される心理効果です。恋愛ノウハウの文脈では「人が親しいと感じる順序が逆」という現象を表します。本書では「認知的不協和」で呼び方を統一します。

先ほどの名前やあだ名で呼びかけようという解説でも「まだ仲良くなっていないから苗字呼びになるのではなく、苗字呼びするから仲良くなりづらくなる」とお伝えしましたよね。まさにこれが認知的不協和です。

いかに早い段階から仲がいいテイで接するかが、人と仲良くなるコツです。

具体的な方法をいくつか紹介します。

まずひとつはド定番、「個人情報を聞く」です。まだ仲良くなってない人に「どこ住んでいるの？」とかをズケズケ聞こう、という意味ではありません。プライベートな情報を聞くことはとても大事ですが、ミスも起きがちなので気をつけてください。

下手に聞こうとすると距離感を理解できてないイタい人だと思われます。上手に聞き出すことが大切です。

上手に聞き出すコツは後述しますが、ここで聞き出すべきは「仲のいい人にしか話さないような情報」です。

「仲のいい人にしか話さない情報を話してもらう＝相手がこの人とは仲がいいと勘

違いする」という認知的不協和が発生します。

仲のいい人にしか話さないような情報を引き出しやすくするコツをお伝えします。


それが、「自己開示の返報性」です。

「返報性」という心理効果は聞いたことがある人も多いはずです。

「相手に何かしてもらうとこちらも何かしてあげたくなる」という現象を表しています。「自己開示」は「自分の情報を話す」という意味ですので、「自己開示の返報性」とは自分の状況を話すことによって相手からも個人情報を話してもらいやすくなることを指します。


ただし、自己開示をしようと思って自分の話ばかりしてはいけません。「誰が話すか」の次に「なぜ話すか」が重要だという話を思い出してください。自分の話を聞いてもらいたいから話すのではなく、相手に話しやすくするためにあなたが話すのです。

振りとして話すわけですから、あなた自身の話をする時間は短くなります。

「秘密の枕詞」を使いこなせ

とはいえ「仲のいい人にしか話さないような情報って何？」「あるけど話したくない」そんな人もいますよね。そこで、何を話しても秘密の情報を話しているっぽく聞こえる、便利なフレーズをお伝えします。

・本当は秘密なんだけど……
・ここだけの話なんだけど……
・〇〇ちゃんだから話すけど……
・これ初めて人に話すんだけど……
・ほかの人には言ったことないんだけど……
・こんな相談できるの〇〇ちゃんしかいなくて……
・あんまり人に言わないことにしているんだけど……

この枕詞をつけるだけで、たいしたことのない話でも秘密の話っぽく聞こえます。実際にたいしたことのない話をしてもＯＫです。

ただしいくら「ここだけの話」だとしても、好感度が下がるような話は絶対に避けましょう。不潔な話とか、倫理的にアウトな話とかはダメです。いじめられていた、みたいな反応に困るような重い話も避けてください。

少しだけ恥ずかしいぐらいのエピソードがベストです。人は完璧な人が嫌いです。非の打ち所がない人を見ると自分を否定されている気分になってしまいます。仕事や学歴で羨まれるような成果を上げている人は積極的に隙を見せるべきです。

ちょうどいいエピソードの例をいくつか紹介しておきます。

「ここだけの話、ホラー映画を観ると寝られなくなるんだよ」
「〇〇ちゃんだから話すけど、ワンピースを読んでガチ泣きしたことあるんだ」
「あんまり人に言わないことにしているんだけど、本当に勉強できなくて0点を取ったことあるんだ」

「**本当は秘密なんだけど、小さい頃に犬に吠えられた経験があって今でも怖いんだ**」

こんな感じです。相手に共感してもらえるとベターです。ホラーが苦手な人には自分もホラーが苦手な話、学歴コンプレックスがある人には学校の成績が悪かった話とか。もちろん嘘をつく必要はありませんが、相手に合わせられるように自分のちょっと恥ずかしいエピソードの引き出しをいくつか持っておくと便利です。

しかし、中にはガードが硬くて、こちらが自己開示しても自分の話をなかなかしたがらない人がいます。普通の雑談であれば、そんなときは無理に踏み込まずに答えやすい話題を振ればOKです。

一方、ビジネスに勧誘したい、営業をかけたい、デートに誘いたいなど、なんらかの狙いがあってどうしても開示してほしい情報があることも時にはありますよね。

そんなときに使える裏技をお伝えします。それは、「わざと間違える」です。

「わざと間違える」という技術

人は「誤解されたくない」「間違いを正したい」という本能的な欲求を持っています。これを逆手に取ります。どうでもいいことであっても、自分について誤解されそうになると、つい本当のことを言いたくなります。


「弟が3人くらいいそうだよね」

「えー、いないよ。お姉ちゃんひとりだもん」

「俺は東京出身なんだけど、マルコちゃんは……北海道出身でしょ?」

「違うよ。鹿児島だよ」


こんな感じです。会話の失敗パターンのひとつに「面接のような質問攻め」があるのですが、決めつけは質問攻めを避けることにも使えます。

あなたも聞き上手になろうとして「出身はどこ?」「仕事は何やっているの?」「休日は何をしているの?」みたいに相手を質問攻めにしてしまった経験はありませんか?

質問↓回答↓質問↓回答……みたいなやりとりが続くと退屈しやすく、話が盛り上がりません。そこで質問の代わりに「決めつけ」を入れてみると、変化が生まれて話が盛り上がりやすくなります。

「弟が3人くらいいそうだよね」
「えー、いないよ。お姉ちゃんひとりだもん」
「全然違った(笑)、面倒見良さそうだから絶対弟いると思ったんだけどなー」

こんなふうにさりげなく褒めたりしながら返していけば、雑談としては完璧です。

僕がルノアールよりプロントを使った理由

前著で「商談などの大切な話をするときはなるべく高級な店を選びましょう」という話をしました。しかし僕はマルチ商法時代、コーヒー1杯が600円くらいするルノアールよりもコーヒー1杯が300円くらいのプロントを使う割合が多かったです。

それはなぜだと思いますか？　コーヒー代が安いからではありません。

その理由は、座席です。

ちょっとクイズをしましょう。次の中で、ベストな席はどこでしょうか？

Q あなたはどこに座りますか？

① 相手の正面
② 相手の隣
③ 相手の斜め

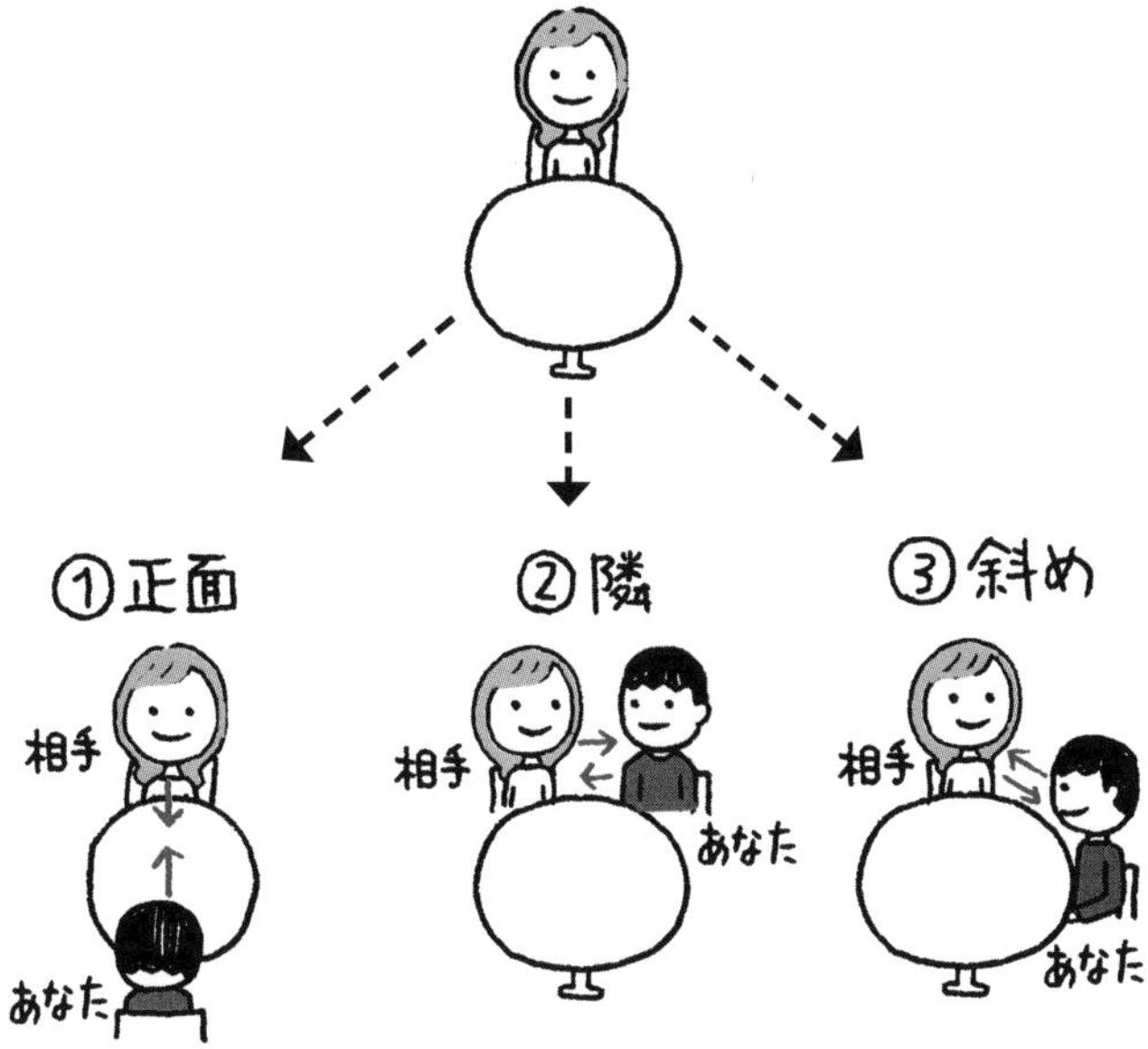

正解は３「斜め」です。２「横並び」もほぼ正解です。

１「正面」だけはオススメできません。


正面というのは心のガードが最も強固になります。敵と出会ったら必ず正面で向き合いますよね？　人は、相手が正面にいると警戒しやすいものなのです。


では、横並びより斜めがいい理由はなんだと思いますか？

それは距離感を変えやすいからです。常に向き合っているわけでもないし、常に相手の顔が見えないわけでもない。目を合わせるときは合わせる、目線を外すときは外す、こういう距離感の調整が最もやりやすいのが3の「斜め」です。

僕がルノアールよりプロントをよく使った理由が、座席でした。もちろん店舗によりますが、ルノアールの座席はスペースが広々しすぎていてお互いの距離が離れすぎてしまうことが多いです。また、僕が知っている店舗では相向かいの座席が多かったです。

男女が仲良くなろうと思ったとき、ボディタッチは非常に重要です。横並びだと体が自然に触れることがあるので、意図して相手に触れたり近づいたりするのが苦手な人は横並びの席を積極的に選ぶといいでしょう。

いずれせよ、正面だけは避けてください。

余談ですがプロントは単なるカフェではなくカフェバーなので価格の割におしゃれな内装の店舗が多く、コスパも良かったです。スイーツも凝っていて、特にオリジナルメニューのブリュレinバウムは女子ウケ抜群です。バウムクーヘンの穴にカスタードクリームを詰めて焦がしたもので、バウムクーヘンの進化形といっていいでしょう。

マルチ商法時代に散々使わせていただいたお礼とお詫びで、宣伝させていただきました。

第3章

「心のガード」を崩す雑談&話し方の技術

雑談で大切な3原則

あなたは、初対面の人と雑談するのが得意ですか？

こう聞かれて、ＹＥＳと答えられる人は少ないのではないでしょうか。

初対面の人との雑談を、苦手としている人は多いはずです。また、人によっては「雑談は嫌い」「雑談はしない主義」ということもありますよね。もちろん雑談が嫌いな人を相手に無理に雑談をする必要はありませんが、人との出会いにおいて雑談が必要な場合は必ず出てきます。

第一印象は見た目でほとんど決まりますが、その次の第二印象が雑談で決まります。

この章ではあなたを雑談マスターにするための知識をお伝えします。

まずは原則です。次の3つの原則さえ押さえていただければ、雑談がぐんぐん上達していきます。逆にこの原則を外してしまうと、雑談がうまくなることはありません。

1. ノンバーバルが最重要
2. 自分から話しかける
3. 浅い話をする

それぞれ解説します。

雑談の原則1．ノンバーバルが最重要

「何を話すか」という悩みを捨てる

ノンバーバルが一番重要です。ノンバーバルとは、言語（バーバル）以外で行うコミュニケーションです。見た目・仕草・話し方などが該当します。

雑談が苦手な人が最も悩むのは「なんの話から切り出そうかな」ですよね。しかし再三お伝えしている通り「何を話すか」というバーバルはどうでもいいことです。どうでもいいバーバルに悩んで重要なノンバーバルが乱れる。これこそ、雑談の苦手な人が陥りがちな落とし穴です。

雑談では「何を話すか」で悩むのをやめてください。

「そうはいっても悩むもんは悩む」と思う方も多いでしょうから、悩まなくなるための方法をお伝えします。せっかくなので雑談に限らず、あなたの人生から「悩み」に使う時間を大幅に減らす解説をしますね。

そもそも、「悩む」とはどうでもいい・どっちでもいいときに生じます。「明らかにAのほうがいい」という場合、人は悩まずAを選ぶので悩みません。

同じくらい魅力的な選択肢AとBが並んでいるときのみ、人は悩むのです。そして「悩む」と「迷う」はほぼ同じです。選択肢がなんであるかすら見えていないときに「悩む」という表現を使います。「何と何を悩んでいるか」に対して冷静に分析をすると、選択肢AとBが出てきます。その選択肢AとBが同じくらい魅力的であるとき（または同じくらい嫌なとき）に人は迷うのです。

これを知っておくと生きるのがすごく楽になります。

なぜなら、「深刻な悩み」は存在しないことに気づくからです。

「そんなことない！　私は自己破産をするか借金を返すかで深刻に悩んでいたんだ。この悩みは深刻だろう！」

「生きるか死ぬかの手術をするかで私は悩んだことがある。これも深刻な悩みではないと言うのか！」

はい、そうです。ただし誤解しないでください。

「その選択肢AとBのどちらにも価値がない」と言っているのではなく、「悩んでいる時間自体に価値がない」という意味です。

なぜなら矛盾しているからです。答えが出ないから「悩み」なので、どれだけ時間をかけて答えを出そうとしても「悩み」である以上、答えは出ません。算数で0にいろんな数を掛け算して0以外を出そうとしているようなものです。

「ど・ち・ら・に・し・よ・う・か・な～♪」

みたいに、悩んでいる間ずっとワクワクしてその時間自体を楽しみたいなら娯楽としてアリですが、悩んでいる時間をイライラしたりモヤモヤしたりして過ごすのであれば、コイントスなりアミダなりでとっとと決めて、意味のあることに時間を回したほうが健全です。

だから僕は悩むことが一切ありません。「悩む＝どっちでもいい」ということをわかっているので、情報が出揃った段階で決断は常に1秒以内で下します。

飲食店のメニューも毎回1秒以内に決まります。同じくらい良さそうなメニューだったら食べてみなければ、どっちがいいかなんてわからないのですから。

ランチのメニューのような日常の影響力の少ない決断だけでなく、仕事の取引などもすべて同じように悩み時間0と決めています。ここで誤解しないでいただきたいのは、「必要な情報が出揃ってから0秒で決める」であって、「必要な情報が出揃ってないうちに勘で決める」とは違います。

あくまでも「必要な情報が出揃った上で悩むのは無駄」という意味です。

同じくらい魅力的、または同じくらい嫌な選択肢に直面したときには、とっとと選びましょう。考えたり努力することで結果が良くなるのは、選んだあとです。

これが最善を尽くすということです。考えても答えが出ない「悩み」に時間を使うのは、努力ではないですし、真剣に向き合っていることにはなりません。ただ時間を無駄にして遊んでいるのと一緒です。

自己破産するかとか手術を受けるかどうか、重要な選択だからこそ悩まないほうがいいんです。どれだけ時間を使っても答えが出ないことに悩んでいる暇があったら、とっとと選んで、残った時間を自分がした選択を正解にするための努力に使うべきではないでしょうか。

さて、話を戻します。

雑談が苦手な人が、「正しい雑談」についての解説本を読んだとします。「ああ、こうやって話しかければ話題が尽きないのか!」とわかったとします。それで雑談がうまくなるでしょうか？

残念ながらなりません。むしろ「この話をしようか、それともあの話をしようか、いやこの人の場合は……」などと、悩みの種が増えるだけです。

これだけは一生覚えておいてほしいので何度でも言いますが、話の内容なんかどうでもいいのです。どうでもいい話題選びに割いていた脳のリソースを、見た目や振る舞いなどのノンバーバルの向上に回してください。

雑談の原則2・自分から話しかける

先制攻撃が雑談を有利に進める

「雑談が苦手だから自分から話しかけられない」って人は多いです。

ただこれも逆で、自分から話しかけないから雑談がうまくいかないのです。

ドラクエを真剣にやったことがある人は、パラメータの「すばやさ」がいかに大切かを知っています。初心者は攻撃力や守備力に直結する「ちから」「みのまもり」にばかり気を取られて「すばやさ」を蔑《ないがし》ろにするのですが、それではいつまで経っても初心者です。

僕の中でドラクエ初心者と中級者の分かれ目は、ピオリムを使えるかどうかで決まります。バイキルトやスクルトばかりではダメなのです。


（※ピオリム：味方の「すばやさ」を上げる呪文。バイキルトは味方の「攻撃力」を、スクルトは味方の「守備力」を上げる呪文）


「すばやさ」が高いとなぜいいのかわかりますか？　それは、相手より先に行動できるというのは1ターン多く行動できているに等しいからです。

この1ターンの差が、ものすごく分厚い紙一重なのです。本当にドラクエは人生で大切なことをすべて教えてくれます。

これをお堅いビジネス書だったら、『孫子』の「兵は拙速を尊《たっと》ぶ」とか引用するのでしょうが、意味は同じです。「ピオリムは意外と強い」です。

会話でも同じことが言えます。先に話しかけることは、先制攻撃で主導権を握るに等しいと覚えておいてください。具体的にどんなメリットがあるかを説明します。

雑談で判断されるのは「この人と中身のある会話をしても大丈夫か」という印象値

です。

初対面などの浅い関係においては「雑談以上の話をする間柄になるか」の関門＝心のガードの内側に潜り込むことが雑談の目的です。

あなたは人に話しかけるときに「自分なんかが話しかけても迷惑がられないかな」「話したところで退屈されてしまったら嫌だな」と不安になったことはありませんか？　実はこれは誰しもが思っていることです。

あなたの**雑談力を一瞬にして爆上げする方法**は、この考えを捨てて、さっさと自分から話しかけることです。

なぜなら、話をして一番つまらない人は、斜に構えたりモジモジしたりして乗ってこない人だからです。不安を抱えたまま話しかけると、ノンバーバルに消極的な姿勢が出てしまい、どんな話をしてもつまらない雰囲気になりがちです。

逆にノリノリで話しかけてみると、相手もつられて乗ってきてくれることが多いのです。

豆腐メンタルを克服する方法

実際に場数を踏むことは絶対に必要ですので、いきなり100%自信満々とはいかないかもしれませんが「あれ使ってみよう」「これ試してみよう」そんな気持ちで話しかけてみてください。

「やってみよう」と思いながら「不安でモジモジ」するのは難しいです。なぜなら、人の心は2つの臨場感を同時には体験できないようにできているからです。

「それでも相手に迷惑がられたら嫌だな」「失敗して変なふうに思われないかな」とナーバスになっている豆腐メンタルのあなた。メンタルを強くする唯一の方法をお伝えします。

実はメンタルを強くする方法はひとつしかありません。豆腐メンタルの人は才能がないのではなく、その唯一の方法を知らなかっただけです。

ですので、おめでとうございます。豆腐メンタルの方は今からお伝えする方法を知った瞬間から豆腐メンタル卒業式が開会されます。

ではお伝えしますね。

メンタルを強くする唯一の方法。それは、傷つくことです。

これ以外にメンタルを強くする方法はありません。

考えてみれば当たり前ですよね。生き物はそうやってできています。筋肉が強くなるのは、筋線維を傷つけたあとに超回復するからです。空手家の拳が鉄のように硬いのは、部位鍛錬で硬い木を何度も殴って自ら拳を傷つけてきた結果です。


メンタルは強いに越したことはありません。特にこれからの社会、メンタルの強さの重要性はどんどん増していきます。大昔に狩りをして生きていた時代は、肉体的な疲労や怪我が絶えなかったはずですが、今はすべての人が昔とは比較にならないほど脳を使って生きています。

仮に仕事が肉体労働であっても、です。現代ではスマホやテレビによって沢山の情報に触れることで、脳にものすごい負荷がかかるようになりました。

ちなみに脳と心とメンタルは、すべて同じ器官です。同じ器官を医学的に表現すると脳、心理学的に表現すると心、それを横文字でカッコよくするとメンタルになります。脳を鍛えたいなら、メンタルを強くしたいなら、傷つけてください。

もちろん自傷行為と筋トレが違うのと同じように、メンタルもただ傷つければいいわけではありません。壊すために傷つけるのと、鍛えるために傷つけるのは別物です。今の職場でパワハラを受けているとか、いじめを受けている人は我慢せずにその場から逃げてください。

しかし、メンタルが弱くて人に話しかけることに苦手意識を持っている人は、「うまく話せたら楽しいし、うまく話せなかったらメンタルが鍛えられる」というどっちにせよ行動した分だけいいことが起きていることに気づいてください。

雑談の原則3．浅い話をする

「雑談」そのもののハードルを下げる

「雑談においてバーバルはどうでもいい」という話をしましたが、唯一不正解があるとすれば、それは真面目な話をすることです。

雑談とは雑に話すことです。「雑に話してもいい」ではありません。雑さが必要で、「雑に話さなければならない」んです。

なぜなら、中身のある話は疲れるからです。

初対面の人との雑談では、仲のいい人との会話に比べて「この人はどんな人なのかな」などに頭のリソースを割かれることが多いのです。

ですので会話の内容にまで頭を使わなければいけなくなると負荷がかかりすぎます。頭がいいという自覚のある人は特に気をつけてください。あなたにとって普通の話題でも相手にとっては疲れる話を選んでいませんか？

また、中身のある話をされると、相手も「自分も意味のあることを言わなくちゃ」と考えて緊張したり身構えたりします。その結果、心のガードを固められてしまいます。


雑談は一番低いハードルから始めましょう。特に初対面の人とは、どう答えても問題ないような浅い話をしてください。

「くだらないことを話して浅い人間だと思われたくないから」などと心配になっても我慢してください。むしろ人間関係では相手にマウントを取らせるくらいでちょうどいいのです。マウントを取らせることで気持ち良く相手に話をさせられます。

「雑な話でハードルを極限まで下げる」

これが雑談3原則の3つ目です。

「それはわかったけど、雑な話って例えば何?」と思った方もいるかもしれません。仲の良い友達と休みの日にするような話を思い出してみてください。仲のいい友達との雑談は疲れませんよね。

「あんな話、くだらなすぎて初対面の人にはできない」という考えは捨ててください。もちろん、あまりにも下品な話をして人間性を疑われかねない場合は例外ですが、仲がいいから話せる話を初対面ですることで、認知的不協和を起こすことができます。勇気を持って一歩踏み込みましょう。

飼っている犬が可愛いって話でも、お昼に食べたラーメンが美味しかった話でも、お父さんの鼻毛が両穴から出ていた話でもなんでもいいんです。うまく話せる関係だから雑な話ができるのではなく、雑な話をするからうまく話せるようになります。

情報交換の落とし穴

雑談ついでに覚えておいてください。情報のやり取りでは心の距離は縮まりません。有益な情報を提供して「すごい人だ」と思われることはあっても「親しめる人だ」とは思われないのです。

雑談で変わる距離は縦と横の2種類あると心得てください。

心の距離は、横の動きです。近づくほど心の距離が近くなり、仲良くなります。有益な情報のやり取りは、上下の動きです。

情報交換によって「有益な情報を知っていてすごいな」と敬意は上がるのですが、親しみはほとんど湧きません。

そして心を開く前に有益情報を提供して敬意を高められたとしても、その人と関係の進展にはあまりつながりません。順番が違うからです。有益な情報を提供して関係値が高まるのは、心のガードという玄関口を通過してからです。

雑談で変わる２つの距離

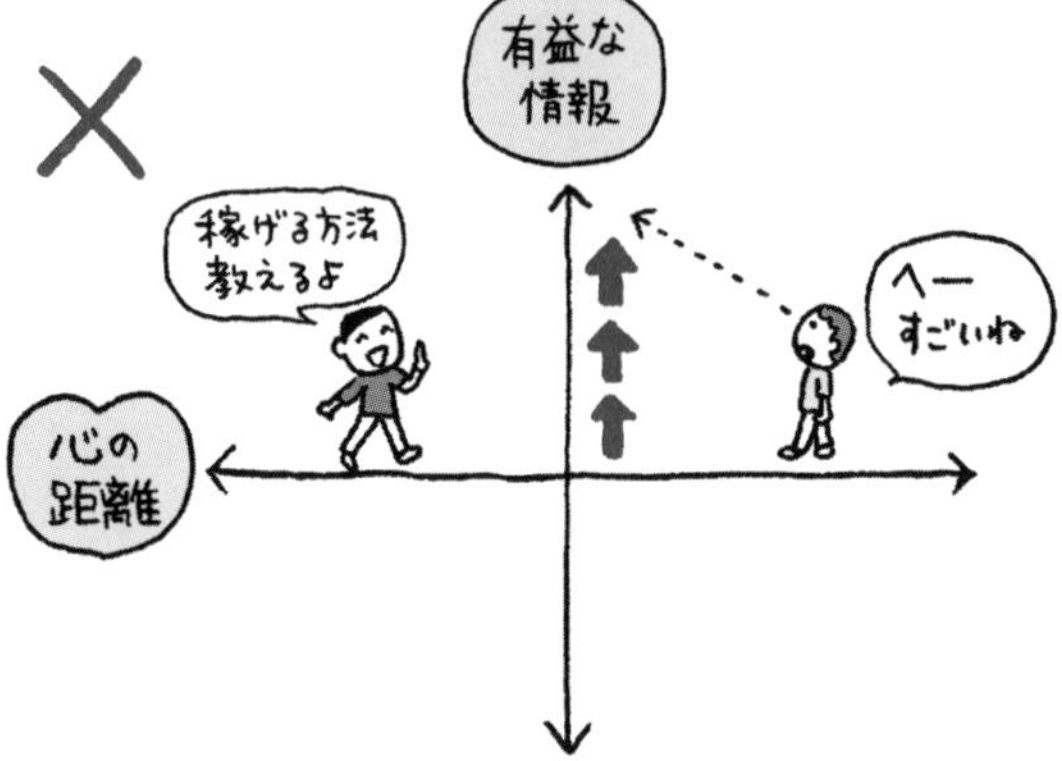

情報のやりとりでは、心の距離は近づかない

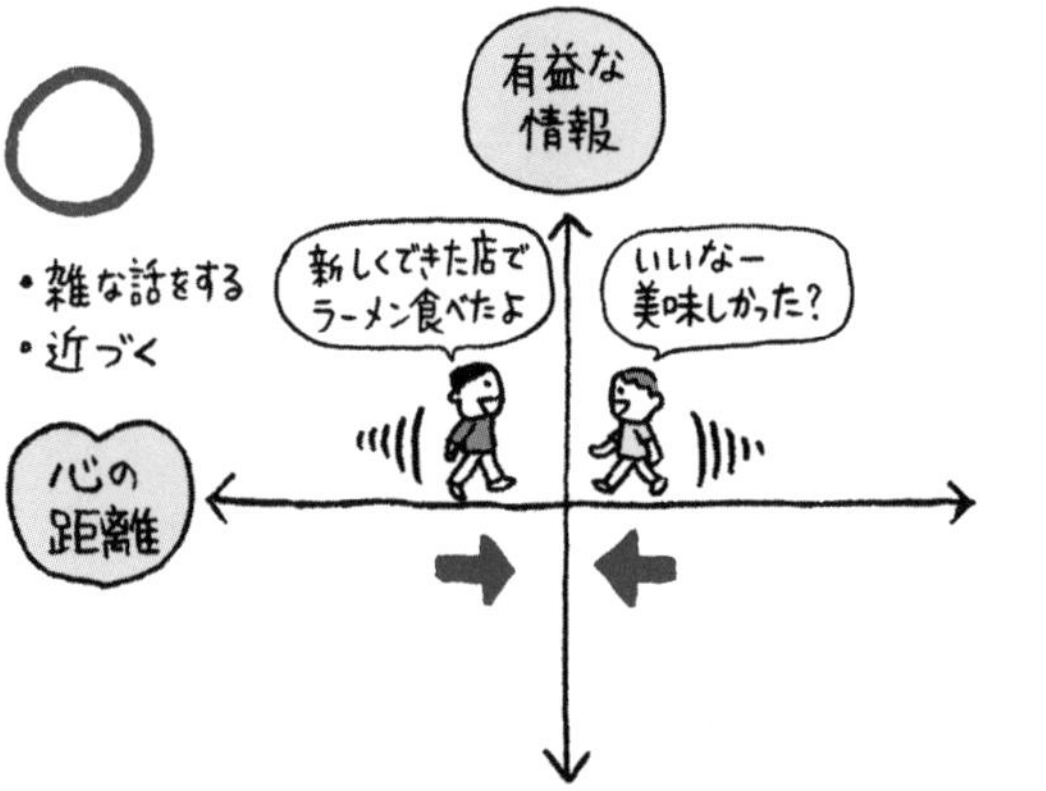

情報のやりとりは、心の距離は近づけてから

心を開いてから有益情報を交換すると、「この人とはまた会いたい」と思ってもらえます。順番が違うだけで人の印象はものすごく大きく変わります。

50ページで「コミュニケーションのさしすせそは忘れてください」なんて話をしましたが、元ネタである「料理のさしすせそ」のようなイメージはコミュニケーションでも大切です。

「料理のさしすせそ」とは、砂糖・塩・酢・醤油・味噌のことを指し、粒子が大きい順で並んでいて、「調味料はこの順番で入れると味が染みますよ」という教えです。

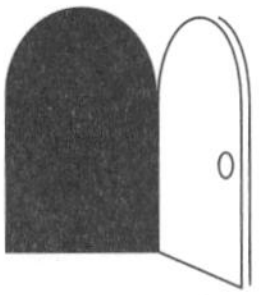

初対面の人と雑に話して好かれるコツ

雑談は「ノリが良くて、少し下手」くらいでちょうどいい

「自分はアドリブが効かないから、初対面の人に即興でどうでもいい話をするのは難しい」こんな人も多いですよね。心配には及びません。雑談は雑でいいのですから、才能も適性もまったく必要ありません。アドリブが苦手なら、事前に話す内容を決めておけばいいだけの話です。

この前食べたラーメンの話をしておこうとか、好きなお笑い芸人の話をしようとか、最近行ってきた旅行について話そうとか3パターンくらい用意して相手に合わせて出せると安心です。面倒な人はひとつのネタを挨拶のように使いまわしてもOKです。

オチがなくてもつまらなくてもかまいません。つまらない話ほど相手が話すハードルが下がるというものです。むしろつかみで面白い話をされると、相手が話しづらくなります。

カラオケを想像してください。初めてのメンツでカラオケに行ったとき、最初に歌う人に求めることはなんですか？　ノリがいい選曲だけど、歌唱力はヘタ寄りでハードルを下げてくれることじゃないでしょうか？　いきなりプロ顔負けの歌唱力でMISIAのEverythingとかを歌われたらどうですか？　それこそ、Everythingを間違えていますよね。

カラオケの目的がマウントを取ることや歌の仕事を得ることでなく、仲良くなることであるならば、上手すぎる歌は取り扱いに注意してください。雑談も同様です。初対面の人に最初にする話は面白すぎてはいけません。

雑談も友達とのカラオケの一曲目と同様、ノリが良くて少し下手なくらいが一番です。僕は初対面の人と話すときは、意図的に流暢《りゅうちょう》に話さないことが多いです。

ペースは相手に合わせるので、キレキレな人が相手のときは流暢に話すこともありますが、それでも相手より少しだけ下手に話すくらいがベストだと考えています。

会話はキャッチボールです。

初対面の人と仲良くなるためのキャッチボールでいきなり本格的なフォームで振りかぶって全力で投げたりしませんよね。キャッチボールで大切なのは相手が取りやすい球を投げて、相手が投げやすい雰囲気を作ることです。

雑談のキャッチボールはとっとと投げ返せ

キャッチボールで、こっちがグラブを構えているのに、ずーっとひとりでパスッ、パスッってボール遊びをしている人がいたらどうですか？

「早く投げろよ」とイライラしますよね。会話のキャッチボールも同じです。雑に話していいのですが、話しっぱなしは絶対にダメ。カラオケでずーっとマイクを独占してほかの人に歌わせなかったら嫌われますよね。これも同じです。

そしてただ投げ返すだけでなく、テンポ良くボールを往復させましょう。会話のキャッチボールで一番大切なのはテンポです。プロの練習ではなく、素人が親睦《しんぼく》を深めるために行うキャッチボールは、球が速いとかコントロールが正確とかスピンが綺麗とかより、テンポ良く投げ合うことが一番大切ですよね。中身よりテンポです。

自分から話しかけておいて講演会をおっ始める人は、「一緒にカラオケ行こうぜ！」と誘っておきながらマイクを独占している状態です。確実に嫌われます。

下手でもいいからボールを取ったらすぐ投げ返すこと。いい話をしようと思うと話が長くなります。あなたにとっていい話でも、相手にとっては最悪です。

雑談ではテンポ良く投げ返すことだけを最優先においてください。

そうすれば長く話す必要もなくなり、内容はいい感じに雑になるはずです。

語尾を意識するだけで、雑談のテンポは良くなる

「そんなこと言われると、自分が話しているときに、早く話し終えなきゃって不安になりそう」そう思う人もいると思うので、目安をお伝えしておきます。

雑談で自分が連続して話すのは、1分以内にしましょう。

もちろん何かの説明を求められたり、教えを請われたりした場合は別です。ただしその場合も、一方的に話し続けるよりは相手に話を振りながら話すよう心がけましょう。

原則として、長い話はマナー違反どころか、ルール違反だと心得ましょう。特に、年配の人は前置きが長くなる傾向があるので気をつけてください。

「自分を良く見せたい」「誤解されたくない」という気持ちが強いほど、余計な前置きが増えます。

相手がどれだけ気持ち良くリアクションしてくれていても、心の中では「早く黙れよ」と思っています。
とはいえ「自分がどれだけ長く話しているかわからない」「直し方がわからない」という人もいますよね。

コツは、文を区切ることです。

・〜なので
・〜でして
・〜で

これらを語尾に使わないようにしてください。接続詞を語尾につけることが癖になっている人は多いです。癖で語尾を接続詞にしてしまうと、何か話をつなげなきゃと考えて無意識に話が長くなっていきます。

たまに「〜なのでぇ……」とそこで話を終える人がいますが、相手は話が続くのか終わったのかがわからず会話のテンポがつかめず話しづらいと感じます。

代わりに「です」「だったんです」「でした」と言い切ってください。接続詞は文の最初につけるものであって語尾につけてはいけません。例えば、今の文章を区切るとこうなります。

「接続詞は文の最初につけるものです。語尾につけてはいけません」

理屈はわかったけど実戦でなかなかできないと言う人は、僕のVoicyライブに遊びに来てください。僕のVoicyライブでは「質問・相談・雑談なんでも歓迎！」というタイトルで週に1回くらいのペースで僕と直接お話しする機会を設けています。そこで「話し方を改善したい」とお伝えいただければ、実際に話しながらフィードバックいたします。

さらにライブは毎回アーカイブを残しますので、あとから自分の話を聞き返せます。録音を聞き返すと、どれくらいの長さでキャッチボールできているかがよくわかりま

雑に話して好かれるコツ

コツ① テンポ良くボール（会話）を往復させる

下手でもテンポ良く返すことを意識する

コツ② 語尾を意識する

文を区切り、言い切ることを意識する

す。よろしければしゃべる練習に活用してください。Voicyで「Dr．ヒロ」で検索すれば出てきます。

もちろん、僕のライブじゃなくてもかまいません。Zoomで打ち合わせする機会がある人は、Zoomの録画・録音機能を使えば簡単に記録が残せます。「話が長い」は癖になっていたりするので、話しながら意識するだけではなかなか改善しません。録画や録音をしてあとから聞き返すことで改善しやすくなります。

第4章

「心のガード」を開けるマスターキー

親密度を高める雑談の奥義「褒めイジり」

悪魔的に好かれる技術

お待たせしました。この章から具体的なテクニックをたくさん紹介していきます。即効性があるので使った瞬間に効果が実感できると思いますが、ツールは正しい使い方をしてこそ最大限の効果を発揮します。第3章までの前提を踏まえて使えば、鬼に金棒です。

前著では「とにかく媚《こび》を売れ。媚を売ったら終わり、ではなく、媚を売らなきゃ始まらない」と強調しました。媚を売るかのごとく相手を褒めることの重要性は雑談でも同様です。そして雑談での媚び売りはとても簡単です。雑に話していいのと同じように、雑に褒めていいのです。雑であっても褒められたら人はうれしいものです。

雑に褒める上での便利なフレーズをお伝えします。

・オーラ出てますね
・なんか雰囲気いいよね
・〇〇ちゃんのそういうとこ好き

これらは、誰にでも使えます。雑談・雑褒めに意味なんて必要ないので誰に使ってもOKという最強の汎用性《はんようせい》です。

そしてさらに強力な技を伝授します。冒頭で僕が韓国人のおばちゃんにお見合いを組まれたと言いましたが、この奥義を習得してからおばちゃんから度を超えて好かれるようになりました。その奥義こそが、「褒めイジり」です。

基本的にコミュニケーションでイジりはNGです。テレビ番組では「いじられキャラ」をいじることで笑いをとり、いじられキャラはいじられると「オイシイ」と喜ぶことが多いですが、あれはお約束のもとで成り立っているショーです。現実のイジりは9割がイジメまたは嫌がらせでしかありません。

人をイジって笑いをとる人は、その場で笑いが起きていて自分にユーモアのセンスがあると勘違いしていますが、周りの人は内心ドン引きしています。そしてイジられた人からは恨みを買っています。どんなに愛想がいい人でもプライドはあるものです。相手の愛想の良さや立場の弱さに甘えてイジったりしてはいけません。

しかし、相手に嫌われることなく、テレビの中のイジりのような楽しい雰囲気が醸し出せて、なおかつイジった相手からどんどん好かれる魔法のようなテクニックがあったらすごいと思いませんか？　それが、褒めイジりです。簡単にできるうえに、即人たらしになれる強力な技術ですので、今日からガンガン使ってみてください。

「褒めイジり」のやり方とコツ

褒めイジりとは、名前の通りイジるように褒めるだけです。通常のイジりは、相手を貶《おとし》めて笑いをとるわけですが、褒めイジりでは相手を持ち上げてイジります。

ポイントは、「雑にやる」ことです。ガチっぽくやると必死で媚びている感が出すぎて変な空気になります。気軽かつ雑に褒めることで、なんとなくいい雰囲気が作れます。

具体例を紹介します。僕はマッサージ店にいった際、50代中盤以降のおばちゃんと話すときはよく、「おばちゃん、ぜったい若い頃は男泣かせたりしてたでしょ（笑）」みたいなイジりをかましていました。

これを伝えるとどうなるか。まず爆笑されます。おばちゃんなりの照れ隠しです。そののち、おばちゃんの声が3トーン明るくなります。乙女の声です。心の扉がバーンと開きます。おばちゃんは僕に対して、このままうちに連れていって夕飯をご馳走《ちそう》したい。そんな気持ちになるようです。


「おばちゃん、ぜったい若い頃は男泣かせたりしてたでしょ(笑)」

「あはは、失礼ね。そんなことしないよ(笑)」

「いや、もう話し方にいい女オーラ出ちゃってるよ。なんかわかるもん」

「あははは。そーお？　お兄さん若いのにこんなおばちゃん口説いても何も出ないよ」

「口説いてないよ。思ったこと言っただけ。まあ、おばちゃんがあと5歳若かったら口説いていたかもね」


こんな会話をした日には、ですよ。実際に僕は地方に行った際、マッサージ師のおばちゃんに帰りの時間を合わせてもらったうえ、夕飯までご馳走になり、宿まで車で送ってもらったことがあります。しかもお土産もいろいろと買ってもらいました。

下心などなく、せっかく会話するなら少しでもおばちゃんを喜ばせたくて適当なことを言っているだけですが、なかなかの高確率で貢がれます。

「遠い親戚より近くの他人」なんて言葉がありますが、褒めイジりの気持ち良さは悪魔的らしく、一瞬にして近くの親戚レベルの親密度が築けてしまいます。

心のガードを外す関係作りの奥義

態度は、相手によって「逆に」変えろ

「相手によって態度を変えてはいけない」「目上の人に媚びてはいけない」こんな教えがありますよね。これは間違いです。人によって態度を変えてください。しかし、目上の人に媚びて目下の人に威張り散らすのは違います。それは人として最低の行為です。

前著では「一部の人にだけ媚びるから感じが悪い。全員に媚を売れ。そうすればただのイイやつになる」そんなことを書きましたが、さらに一歩進めます。

その名も、「逆媚び売り」です。日本人という民族は平均するとコミュニケーションが下手すぎるので、一般論と逆をやるとだいたいうまくいきます。

逆媚び売りとは、目上の人にはフレンドリーに話して、それ以外の人には丁寧に接することを言います。


僕の友達には2~5歳くらい年下の人が多いのですが、僕は全員に敬語を使っています。年上が年下にタメ口を話すだけで偉そうになってしまうと感じるからです。どれだけ仲良くなっても相手が敬語である限り敬語を崩しません。

逆に、誰もが気を使うような人や、それこそコーチングのクライアントには社会的な立場でいったらめちゃくちゃ偉い人も多いのですが、友達以上に友達らしく接しています。

誰もが気を使う人にこそ、フランクに接するべきです。もちろん、フランクと無礼は違うので親しき中にも礼儀ありですが、これだけで相手にとって貴重な存在になれます。

クライアントからも、「私にこんな指摘をしてくれるのはヒロさんだけです」と言っていただいたりします。「こんな相談、恥ずかしくてヒロさんにしかできないんだけど」という相談もたくさんしていただけます。

「本当に目上の人に気軽に接しても大丈夫？」と心配に思う人がいるかもしれませんが、大丈夫です。というより、本書の内容を実践して大丈夫な人になってください。結局は「誰が言うか」なので、丁寧に接しても嫌われる人は嫌われますし、気軽に接しても好かれる人は好かれます。

とりわけ上に立つ人は器が大きいものです。立場に器が伴っている人であれば、むしろ気に入ってくれることが多いはずです。

むしろ若い頃の僕は「これくらいで腹を立てるような器の小さい奴にはこっちから嫌ってやるよ！」くらいの気持ちでいました。尖っていましたね。僕は物心がついた頃から、偉い立場のくせに偉そうにしている人が大っ嫌いでした。威張っている学校の先生とか世界一ダサくないですか？

「立場がなければ何が残るの？　先に生まれただけでしょ？」そんなことをよく思っていました。

だからこそ、大人になった今はわかります。逆をやれば好かれるんです。もっとも、僕自身も、立場を利用して調子に乗るフェーズもちゃんと通りました。だから調子に乗る側の気持ちもわかります。

自分の薄っぺらさを隠す裏返しなんですよね。勝ち負けでしか人を判断できず、自分が勝っていると思う相手には思い切り威張って安心感を得ようとする。

「安心感」というより「慢心感」とでも言いましょうか。慢心しているから今より上に行けないし、自分に追いつこうとする存在を潰すことで自分の立場を守ろうとする。最悪です。

尖っていた頃の僕は「薄っぺらい人から嫌われても、器の大きい人に好かれていれば別にいい。本当に実力のある人は器が大きいから、器の小さい先輩上司に嫌われても、自分が使える後輩だと思ってもらえれば、もっと強い先輩上司が守ってくれる」そんな気持ちで仕事をしていました。しかし、実践的な心理学を深く理解してからは考えを改めました。

「ダニングクルーガー効果」という心理効果をご存じでしょうか。

ダニングクルーガー効果

ダニングクルーガー効果とは、端的に言うと、能力が低い人ほど自分の能力を高く見積もる傾向がある現象です。仕事ができない部下ほど「上司が無能」と言いますし、能力の低い上司ほど「部下が使えない」と言いたがります。

僕がマルチ商法をやっていた頃、僕への好き嫌いはすごくはっきりしていました。0・1％のトップ層と99％の末端層からはかなり好かれていましたが、残りの0・9％であるウダツの上がらない半端層からはかなり嫌われていました。

なぜ嫌われていたかというと、半端層に容赦なくダメ出しをしていたからです。学校や会社と同じように、叱責によって人を動かしていました。セールスとして圧倒的な存在だったので、僕以外に怒れる人はいなかったのです。

しかし、今思えば、圧倒的な存在だったからこそ、半端層には丁寧に接して機嫌を取るべきでした。

もちろん、叱責なしに人を動かすにはスキルが必要で、当時の僕の能力ではそれが精一杯だったこともあります。

しかし、当時の僕はとても疲れていました。いくら弱い相手であっても力で人を押さえつけるのは、体力がいります。

上にフランク、下に丁寧。斜め下には特に丁寧に接する。

これがとても重要なのです。

立場が近いと、フランクになりがちです。しかし、立場が近くても成果が出てない人こそ一番気を使うべきです。偉そうにダメ出しすると恨まれるだけです。これは組織の中にいる人は特に気をつけるべきですが、個人事業でも同様です。

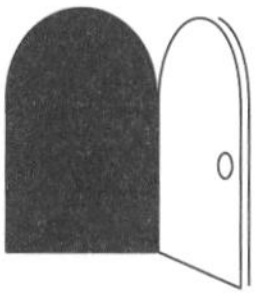

「沈黙」を使いこなす

聞く技術の最終形態「オートクライン」

雑談もコミュニケーションである以上、話すよりも聞くことが大切です。ただ「話す量より聞く量を多くしましょう」なんて言っても今更ですよね。

そこで今回は、「話を聞く」の最終形態をお伝えします。

それが、「オートクライン」です。

オートクラインによって、ただ話を聞くだけで相手の人生を好転させることすらできるようになります。

オートクラインとはコーチング用語で、自分で話した言葉を自分で聞くことによって思考が整理される現象を表します。コーチングのセッションでは、コーチである僕が話す時間よりもクライアントが話す時間のほうが長いことが多いです。

お金をもらってセッションをしているのに、人によっては8割くらい聞き役に回ることもあります。しかしこれでクライアントの人生はどんどん好転していきます。

それはなぜかと言うと、適切な質問を行っていることと、僕がクライアントと信頼関係を結べていることが大きいです。

「誰が話すか」と同じように「誰が聞くか」は大切です。

心のガードを外した状態で話を聞くと、ただの「聞く」という行為が相手の人生を変えることになり得ます。

コーチがクライアントに適切な質問を投げかけ、話を真剣に聞くことで、クライアントは自発的に「よしこれをやろう」という気持ちになります。この気持ちは人から

「これをやりなさい」「これをやりましょう」と言われるのとは別次元のモチベーションを生みます。

あなたも、人の話を聞くときには「ただ気持ち良く話をさせよう」だけではなく、さらに一歩進んで「あなたが話を聞いているだけで周りの人の人生がどんどん好転していく」というイメージを持って聞いてみてください。ひとつ上のステージのコミュニケーションができるようになります。

その際、一番大切なのは、待つことです。

これがなかなかできないものです。相手の考えがまとまっていないのにこちらから沈黙を破ってはいけません。沈黙に耐えられずに自分から沈黙を破ってしまう人が本当に多いです。

相手が黙っている時間がどれだけ長くても黙って待ってください。

キャッチボールのテンポは人によってまったく変わります。途切れることなくずっと話し続けている人もいれば、90分で話した言葉をぎゅっとまとめると30分くらいになってしまうような人もいます。

実は後者のセッションのほうが大変です。60分の空白を沈黙が占めます。そして、残された30分で必要な情報を伝えなければなりません。

あなたは60分の沈黙に耐えられますか？

ここで沈黙を破ってしまっては、一対一でコーチングセッションを行う意味がないのです。ただ知識を伝えるだけであれば本を読んでもらったりセミナーに行ってもらえば済む話です。

クライアントのペースに合わせて、クライアント自身が答えを見つけることにコーチングの意味はあります。なぜなら、人生における正解はその人自身にしか見つけられないからです。

本人に考えるきっかけを与え、十分な時間を待つことができれば「こうしましょう」なんてアドバイスをしなくても人は自ら成長していきます。

心のガードを外し続ける極意

本当に大切なのは2回目の接し方

ここまででコミュニケーションの初期の段階における心の開き方や有効な雑談を解説してきました。しかし残念なお知らせがあります。

どれだけ初対面の印象が良かろうと、2回目に会ったときのコミュニケーションがうまくいかなかった場合、あなたがやったことはすべて無駄になります。

1回目のコミュニケーションの真価が問われるのは、次に会ったときのコミュニケーションです。非常に多くの人が2回目に会ったときに関係値を振り出しに戻してしまいます。せっかく初対面で仲良くなったのに、しばらくしてから再会した人に「初めまして」のような態度で接してしまうのです。これではせっかく心のガードを開いて距離を縮めた意味がありません。

2回目に会ったときには、むしろ初めて会ったときの最後よりも仲が良いつもりで接してください。間違ってもよそよそしく初対面の人のように接してはいけません。

僕は一回会った人は親友ぐらいのつもりでコミュニケーションをとります。それだけ一回で思い切り距離を詰めているというのもありますが、初めて会ったときから日が経ってどういう温度感で接していいかわからないとき、僕はほかの仲のいい友達と同じような態度で接します。

自分が覚えてないときはだいたい相手もよく覚えていませんので、仲の良さそうなテンションで接せられると認知的不協和が起こり、相手も「こんな仲が良かったんだ」と勘違いしてくれます。しかし理想を言えば、よく覚えていないよりは、むしろ覚えているアピールができると最高です。

人は自分のことを気にしてくれている人に好意を抱きます。

ちょっと会っただけなのにそのときのことをよく覚えてくれていると「この人は自分に特別な注意を払ってくれている」と認識され好感度が上がります。

記録する習慣が、人間関係を良くする

「そうは言っても記憶力には自信がない」「人の名前とか顔を覚えるの苦手なんだよな」そんな人もいますよね。実は僕も思い切りそうです。一緒に暮らしている妻から病気なんじゃないかと心配されたことがあるくらい天才的に物忘れがいいです。

以前この話をしたら「そうは言ってもヒロさん良い大学出ているじゃないですか」というご指摘を受けたことがあります。確かに学校の勉強はできたほうですが、暗記系の科目はからっきしダメでした。大学受験では世界史が本当に覚えられなくて、教

科書を読んでいると2分で寝てしまうので、「世界史は諦めてほかの科目で満点を取る！」という作戦で受験をしていました。

こんな僕にとってマルチ商法の相性は最悪です。僕の組織は多いときで毎月300人以上の人が入会し、毎日のように新しい会員と会っていました。名前や顔を覚えるのが苦手な僕には地獄です。

その頃から僕が続けている習慣があります。それが日記です。マルチ商法をやっていた頃は日記というほどしっかりしたものではなかったのですが、出会った人の名前と簡単なプロフィールは毎日ノートに記録をしていました。これはとても役立ちました。

というのもマルチ商法の末端の会員からしたら、大勢の人がいる中でリーダーに名前を覚えてもらえると、それだけで「仲間として受け入れられた」という実感が芽生えるものだからです。大きな組織を持つリーダーに名前を呼んでもらえるだけで承認欲求が満たされるのです。

最強のツール「10年日記」

人の名前を覚えるのが難しい状況にある人にこそ、覚えてもらえていることが非常に大きなプラスの印象になります。あなたが人の名前を覚えるのが難しい立場にあるほど、出会った人を覚える努力は効果的になるでしょう。

「よし！　日記をつけよう！」という人にオススメなのが「10年日記」です。10年日記とは、文字通り10年分の記録をつけられる日記です。365日分のページがあって、1年で1冊の日記帳を一周します。左の図のように1年目の同じ日のすぐ下に2年目の同じ日を記入する欄があります。さらにその下には3年目、4年目、5年目の同じ日付けを書く欄があります。

こういったページ構成ですので、2年目以降は同じ日付の日記を記入するときに、1年前、2年前の同じ日の日記を見ることができます。毎日、1年前の自分からの成長が確認できます。

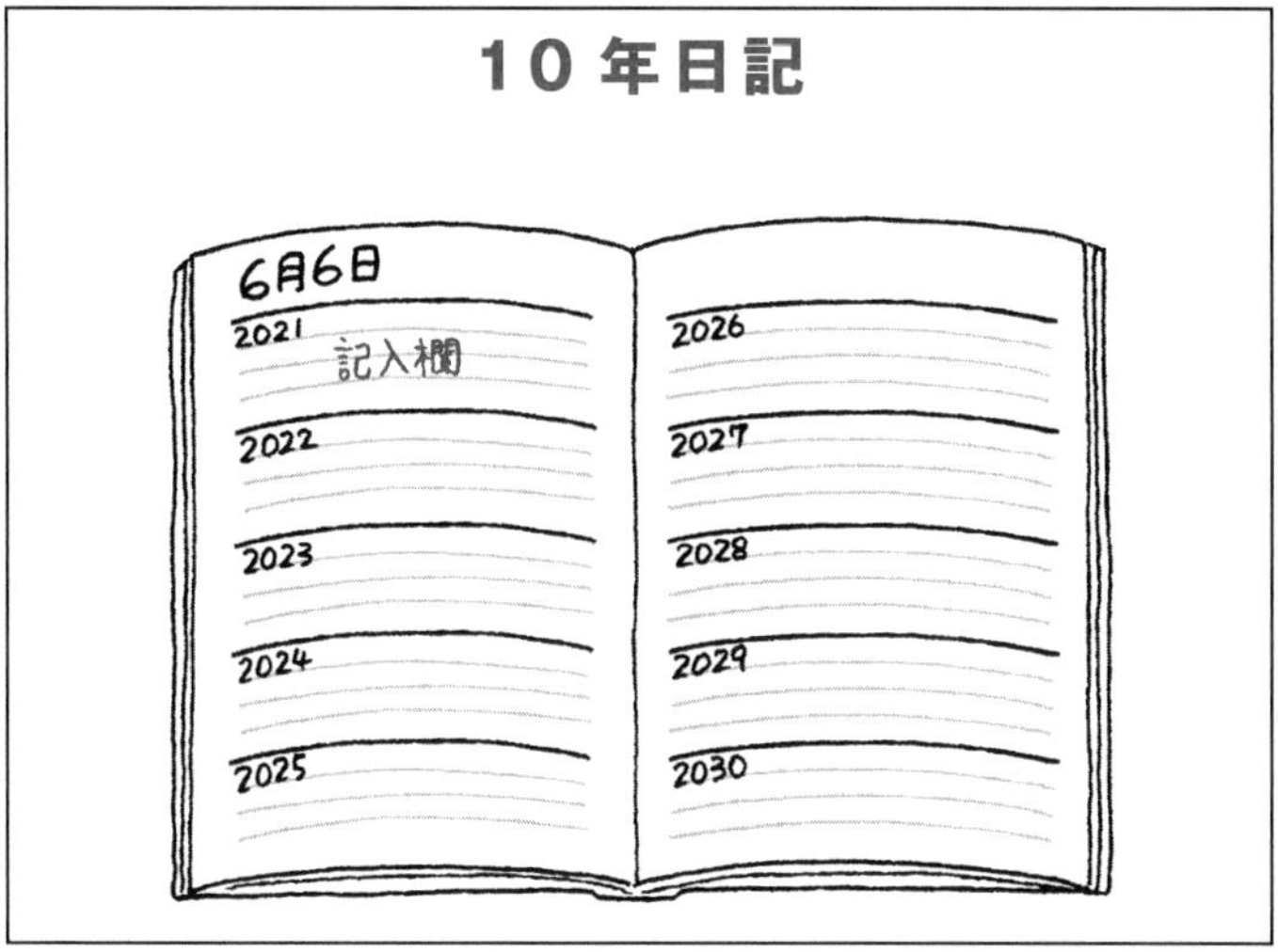

ただでさえ日記は人生を豊かにするうえで必須アイテムですが、過去の日記を強制的に読み返せるこの10年日記のシステムは画期的です。毎日、日記帳を開くたびに、1年前、2年前の自分から学ばされます。しかし欠点もあります。それは10年分の記録をするため日記が分厚くて重く、さらに紙面の都合上1日あたりのスペースが限られている点です。

しかしそれらを完璧にカバーしたうえで超強力な追加機能を付与された日記帳が存在します。それがオンラインの10年日記です。まずオンラインですので分厚くて重い日記を持ち歩く必要がありません。パソコンでもスマホでも開けるので重さは0です。常に携帯できます。

また、紙面の都合で記入スペースが限られることもありません。無限に記入できますし画像なども添付できます。その上10年という制限すらないのです。紙の10年日記は2023年にスタートした場合、2033年で新しいものに買い替えなければいけません。またまっさらな日記から再スタートすることになります。これでは9年目、10年目に書いた日記を見返す機会が少ないですよね。

オンラインの10年日記ではこの心配がありません。ページが尽きないので「10年日記」という名前ではありながら実質的に「永久日記」です。

もうこの時点でノーベル賞を受賞していないのが不思議なくらい有益な発明なのですが、オンラインの10年日記にはさらに強力な付加価値があります。

それが検索機能です。検索ワードを入れることで何月何日に書いたか忘れてしまった情報を瞬時に表示できます。

以前会ったことのある人と久しぶりに会うときに「この前どこで会ったっけな?」とか「どんな話をしたっけな?」とか思うことがありますよね。そんなときに10年日記でその人の名前を入力して検索をかけるのです。そして実際にお会いしたときに、

「この前○○って言ってましたよね」
「この前教えてもらった○○ってお寿司屋さんに行ってみたんですけど、ウニがすごく美味しかったんですよ」
「この前お会いしたときに食べた蕎麦の味が忘れられません」
「最後にお会いしたのは去年の6月でしたよね！　お久しぶりです」

このような話題をお話しします。

「よく細かいこと覚えているね」「あーそんなことあったっけ。記憶力いいね」相手はこんなことを言いながらうれしそうな表情を見せてくれます。

「いやあ、僕は全然記憶力が良くないんですが、お会いできたのがとても楽しかったので、特別覚えちゃっていました」

こんなことを話すことで関係値が振り出しに戻らずに済みます。むしろ細かいことまで覚えていたという事実によって相手に好印象を与え、1回目に会ったときの最後よりもさらにプラスの印象から2回目をスタートできます。

「そんな媚びているようなことを言いたくない」そう思った方は要注意です。媚を売ることは相手に好かれるための努力であり、人間関係を築くうえで基本中の基本です。**目上の人にだけ媚びていたら感じが悪いですが、会う人全員に媚びを売ればただの人気者になります。**覚えているアピールはとても強力な媚び売りなのです。

あなたはこの逆をやってしまってはいないでしょうか？　どこかで会ったことがある人と会話するきっかけがあるとき、初対面のフリしたりしていませんか？　覚えているくせに「あのときキミもいたんだっけ？」とか言っちゃってませんか？

女子に免疫のない男子高校生の「意識していませんよアピール」みたいなコミュニケーションはやめましょう。人は自分を気にしてくれる人を好きになります。「ありがとう」と伝えるより「いつもありがとう」と伝えたほうが効果的です。

「いつも」とつけることで「普段からあなたのことを気にしていますよ」というニュアンスが伝えられます。

余談ですが、10年日記は人とのコミュニケーションを円滑にする以外にも、あなたが人生を謳歌《おうか》するうえでどんなビジネス書にも勝る最高の書籍になります。

その日に感じたうれしかったこと・悲しかったこと・辛かったこと・楽しみなことなど、自分の感情を書いてみてください。または考えたことを思いつく限り、メモ代わりに書いてみてください。書くことで頭は驚くほどクリアになりますし、見返したときに自分自身についてより深い理解ができるようになります。

本質的にコミュニケーションを向上させようと思ったら、あなたがより人間的に成長していくことが最重要です。

自己成長のためにひとつの行動だけを選べと言われたら僕は迷わず日記を選びます。どんな本を読むよりも、間違いなく有益な時間になりますので、もし日記を書く習慣がなければぜひ始めてみてください。ほかのどんな習慣をやめてでも日記を書く価値があります。

秘伝の呼吸法：真・深呼吸

「誰が言うか」の「誰」を一瞬でレベルアップさせる方法をお伝えします。それは呼吸です。あなたは今、深い呼吸ができていますか？　こう聞かれて初めて、「あ、ちょっと浅くなっているかも」なんて気づいた人は多いのではないでしょうか。

呼吸は意識と無意識をつなぐ鍵になっています。無意識をコントロールしたければ呼吸をコントロールするのが最も近道です。どういうことか説明します。

呼吸は普段、無意識にしていますよね。しかし、意識をすれば深さや長さを変えられますし、止めることもできます。普段は無意識にしている動作で、これほど自由に変えられるものはありません。

例えば、心臓や血流は呼吸ほど自由にコントロールできませんよね。

呼吸は無意識とつながっているので、意識して呼吸を変えることで無意識の状態も変わります。深呼吸すると落ち着きますし、浅い呼吸になると不安になったり心拍数が上がったりするのを感じるはずです。

呼吸を意識して操ることで、無意識をかなりコントロールできるようになります。あがり症の人や、声が上ずりやすい人は今からお伝えすることを実践すれば必ず良くなります。

その方法が、「真・深呼吸」です。本を読みながら一緒にやってみてください。

「真・深呼吸」の実践ステップ

まずは1回、自己流で深呼吸してみてください。

すー……はー……。

できましたか？

その感覚を覚えておいてください。では次に、本書の案内に従って深呼吸してみましょう。

①まずは背筋を伸ばして口から息を吐き切ってください。「呼吸」という文字は「呼」が先にくるので、息を吐くことから始まります。「吸ってーーー吐いてーーー」という掛け声がありますが、正しくは「吐いてーーー吸ってーーー」です。

さて、限界まで息を吐き出しましたか？

②息を吐き切ったら、空気を吸いたい気持ちを抑えて、いったん息を止めてください。
止めると同時にお腹に意識を向けてください。
お腹に力が入って凹んでいませんか？
息を止めたままお腹の力を緩めてお腹を膨らませてみてください。
膨らみましたね？　まだ息は止めていてくださいね。

③そのままもう一度息を吐いてください。するとどうでしょう、先ほど限界まで吐き切ったはずの息が、お腹を緩ませるとなぜかまだ少し吐けるはずです。無理は禁物ですが、できそうな人はその調子であと2回、「ふーー……ふー……」と、息を吐き切って止めて、お腹を緩めて吐く、を繰り返してみてください。計3回に分けて息を最後の最後まで吐き切りましょう。

④そうして限界の限界まで息を吐いたあとに、鼻から息を吸ってください。どうでしょうか。思いっきり深く息が吸えたかと思います。最初にやった深呼吸とは深さが違うことに気づけたのではないでしょうか。

限界を超えて吐くことで、通常よりも深く息が吸えます。この呼吸を何度か繰り返すと肺が温まって心がスッキリする感覚が出てきます。また、これは横隔膜のトレーニングにもなるので、心肺機能を強化したい人にもオススメです。

緊張したとき、または緊張しそうなときにはこの呼吸法を繰り返してください。

緊張して呼吸が浅くなると、普段のパフォーマンスが発揮できなくなります。声も弱々しくなり落ち着きがない、頼りない印象を持たれてしまいます。

人目が気になるところでは、口から息を吐く代わりに鼻から息を吐くと目立ちません。鼻から3回に分けて「ふー……ふー……ふー……」と息を吐いて、それからゆっくり吸い込みます。そうすると浅くなった呼吸が一気に深く戻せます。

深い呼吸はコミュニケーションにおいて非常に大切です。特に初対面の人との雑談をするときには、第一印象で9割が決まると言っても過言ではありません。

そんな大切な印象を決める第一声が緊張して呼吸が浅くなった声で「こここんにちは、きょきょうは……いい天気ですね……」なんて言ったらそのあとから挽回《ばんかい》するのは大変です。

とはいえ初対面の人と話す前にいきなり目の前で深呼吸をするのは面白すぎるので、さりげなく鼻から深呼吸してくださいね。

真・深呼吸

①背筋を伸ばして
息を吐き切る

②息を吸わずいったん止め
お腹を緩めふくらます

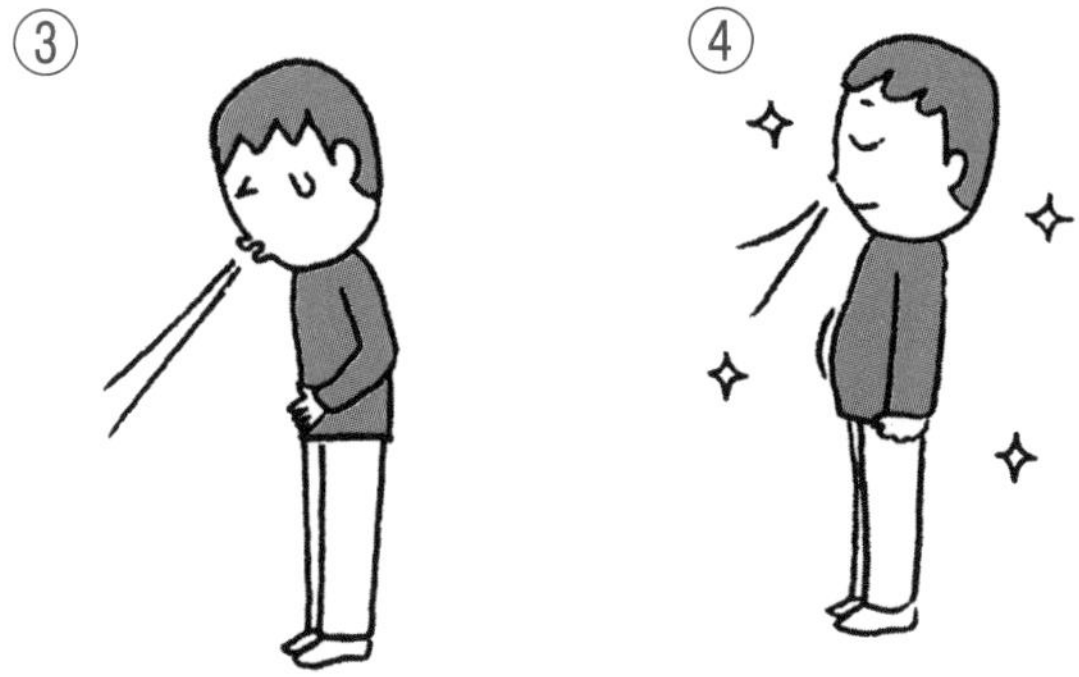

③「2」の状態から
2～3回最後の限界まで
息を吐き切る

④鼻からゆっくりと
息を吸う

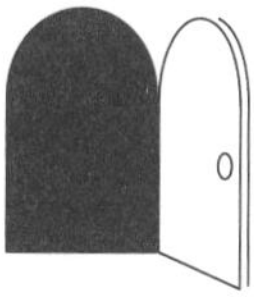

心のガードが閉じる地雷ワースト10

これらをやらないだけで、心のガードは緩くなる

コミュニケーションでは上手な話をするよりも、地雷を踏まないことのほうが大切です。一度心のガードが閉じてしまうと、関係を修復するのは困難を極めます。そこで絶対に踏んではいけない地雷をここで紹介しておきます。

▼1．不潔

これはすでに解説しましたが、再度強調しておきます。不潔は犯罪に等しいし、クサイは大罪です。実際にクサくなくてもクサそうな見た目は同罪です。

▼2．マウントを取る

マウントは他者に対する明確な攻撃です。時として悪口以上に相手の存在を否定します。嫌われたい・敵を作りたい場合を除いて、マウントは生涯取らないと誓ってください。

しかし「○○しない」と思うと、ついしてしまうように人の意識はできています。そこで「Aの代わりにBをする」と意識しておきましょう。

マウントを取ろうとする代わりに、相手に気持ち良くマウントを取らせてあげてください。前著でも「共感逆マウンティング」として解説しましたが、マウントの取り合いをやめて、マウントの取らせ合いをしましょう。

特に自分の得意なこと・詳しいことについて話題が出てきたときは要注意です。

相手が「私は野球をやっていて、これでも高校時代はエースだったんですよ」なんて話をしたときに、「奇遇ですね！　実は私もエースで4番で甲子園にも出場しました！」と伝えることは相手への最大の侮辱になります。

嘘をつく必要はないですが、言わなくていいことを言う代わりに、相手に質問をするのです。

相手が「私は野球をやっていて、これでも高校時代はエースだったんですよ」と話をしてきたとして、仮にあなたが1年生のときからエースで4番として甲子園に出たのであれば、経験者だからこその的確な質問ができるでしょう。

「エースの重圧って大会前はどんな心境になるんですか？」とか、「モテたんじゃないですか？」などと聞いてみるのはどうでしょうか。マウントを取る代わりに、相手に質問を投げかけて気持ち良くマウントを取らせてください。

▼3．譲らない

プライドが高かったり頑固だったりで、絶対に自分の意見を譲らない人っていますよね。当然嫌われます。譲ってください。譲り合いの精神です。

なかなか譲る気になれないという人のために、解決策を2つ提示しておきます。

まずひとつは、**自己評価を高める**ことです。会話で自分の考えを譲れない原因として自己評価の低さが挙げられます。意見を曲げて譲ったら自分が否定された気になるわけです。**その場合、自分以外のことにプライドが持てると、意見を譲ることに抵抗が減ります。**自分以外の何にプライドを持つべきかというと、自分の夢や、やりたいことです。人は相対評価で価値判断をします。夢が大きければ大きいほど、それ以外のことがどうでもよくなります。

もうひとつの方法は、**考え方を変える**ことです。例えば、プライドが高くて意見を譲れないなら、**相手を気持ち良くさせるゲーム**だと思って、手のひらで転がすイメージを持ってみたらどうでしょうか。相手よりも高い視座で考えられているからこそ、気持ち良くさせられるわけです。

表面上は意見を譲って、心の中では「しめしめ」と思っておく。これならあなたもプライドが傷つかずに済むのではないでしょうか。

▼4．アドバイスする

教えたがりな人っていますよね。残念ですが、本人は親切にしているつもりでも、

9割がた「うざい」と思われているものです。アドバイスは相手から求められたときを除いて、悪口と同じくらい人を不快にさせます。

特に雑談においては「正しさ」の優先順位を下げてください。雑な話のやりとりですから、合っているか間違っているかなんてどっちでもいいのです。相手を正しく導くよりも、テンポ良く気持ち良くキャッチボールを続けることのほうが100倍大切です。

▼5．アドバイスを聞き入れない

一方で自分がアドバイスされたときには全力で聞き入れましょう。全力で聞き入れるとは「やりたくもないアドバイスを実行しなければいけない」という意味ではありません。「勉強になります！」とか「そういう視点ってどうやったら身につくんですか？」とか「なんでそんなになんでも知っているんですか？」とか、全力でヨイショすることです。

本当にいいアドバイスであれば実行すればいいですが、そうでないアドバイスの場合も返事だけは最高のアドバイスをもらったようなテイで返しておきましょう。

相手に気持ち良くマウントを取らせるのです。求めてもいないアドバイスをしてくる人は承認欲求の塊ですので、お世辞は抜群に効きます。

▼6．否定する

特に日本人はディベートなど論理的なやり取りに慣れてない人が大半です。そのため、意見を否定されただけで、自分自身の存在を否定されたと受け取ってしまう人が多いのです。

相手が明らかに間違っていても、真っ向からの否定は極力避けましょう。従わずに、相手はそういう意見なのだと認めることが大切です。便利なフレーズを紹介しておきます。

・なるほど
・面白い視点ですね
・たしかに、そういう見方もありますね

これらのフレーズを使うときには、表情に気をつけてください。

同じ「なるほど」でも、仏頂面の「なるほど」と、眉を上げて頷きながらの「なるほどー！」は全然違います。せっかく相手を尊重しようと思って口に出すなら、ちゃんとやりきりましょう。

▼7．前置きが長い

口を開いて話し始めたらダラダラ関係ない話をして、何が話したいのかわからない人がいます。だらだらと話を聞かされている人は、つまらない人だな・話しづらい人だな、と心を閉ざしてしまいます。

言いづらい話があるからといって前置きをするのは逆効果です。かえって相手を苛立たせるだけ。前置きは置くだけ損と思ってください。

「でも、さっき雑談の話をしたばかりじゃないか。雑談だって前置きみたいなものでしょ？」と思った方もいるかもしれません。

しかし、違います。雑談とはキャッチボールです。前置きが長い人がなぜマズいかと言うと、キャッチボールしようというときに、「投げるぞ投げるぞー。でも今日は肩が痛いからなー。普段はもっと良い球を投げられるんですけど、今日は20％くらいかな。いやお恥ずかしい。昨日ちょっとハリキリすぎまして……」とくっちゃべってる状態だからです。「いいから早よ投げろや」ですよね。

テンポのいいキャッチボールであれば相手の心を開く良き雑談になり、だらだらとひとり語りをしてしまうと相手の心を閉じる地雷になります。ひとりでダラダラ話さないように気をつけましょう。

▼8. 物理的な距離が遠すぎる

距離感というのは難しいもので、近すぎてもダメですが遠すぎてもいけません。僕もパーソナルスペース（他人が自分に近づいても不快に感じない限界の範囲）は広めなので、あまり近づかれすぎるのは嫌ですが、そんな僕から見ても明らかに不自然なほど距離を取っている人がたまにいます。

例えば横並びで座るとき、真ん中にひとつ席を開けたり、横並びで立つときに間に人が2人くらい入れるほどスペースを開けたり……。ソーシャルディスタンスを取らなければいけなかったりする場面もあるかと思いますが、そうでないときに必要以上に距離を取ると相手から「拒絶されている」と感じられてしまいます。

特に異性に慣れてない人は気をつけてください。異性だからと言って気を使っているつもりで距離を取りすぎると、心のガードを閉じられてしまいます。気遣いは大切ですが、異性だからと気負いすぎず、同性と同じように接するくらいのほうがうまくいくことは多いです。

▼9. 笑顔が不自然

意外と多いのが、「笑顔が不自然」な人です。

笑顔を作ろうと意識するあまり、常にニヤニヤ・ヘラヘラ・ニタニタしている人がたまにいます。何を考えているかわからない不自然な表情の人は、相手を不安にさせ、警戒されてしまいます。

笑顔は確かに大切ですが、「気さく」と「無礼」が違うように、「ニコニコ」と「ニ

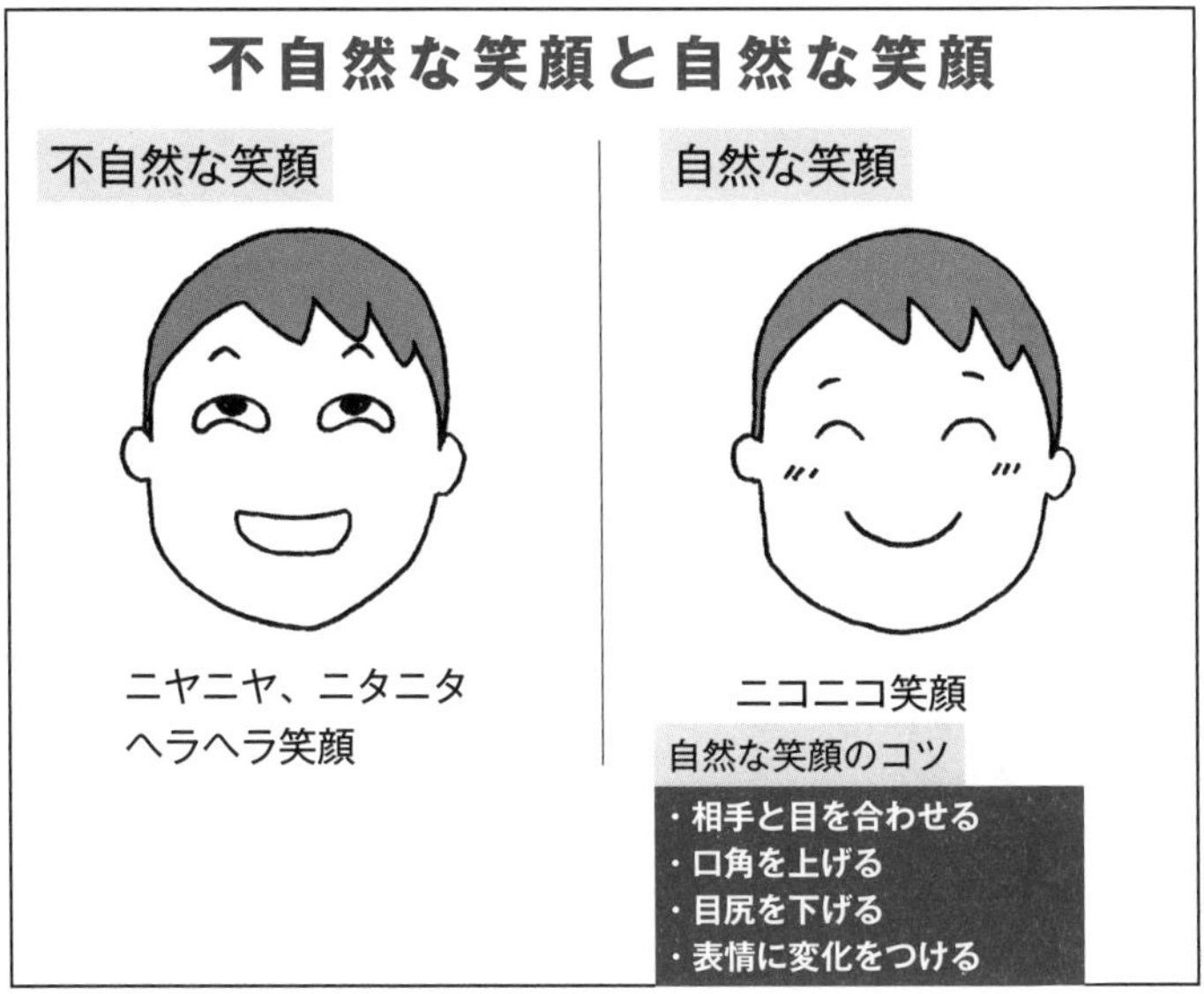
不自然な笑顔と自然な笑顔
不自然な笑顔
ニヤニヤ、ニタニタ
ヘラヘラ笑顔
自然な笑顔
ニコニコ笑顔
自然な笑顔のコツ
・相手と目を合わせる
・口角を上げる
・目尻を下げる
・表情に変化をつける

ヤニヤ」「ヘラヘラ」「ニタニタ」は違います。ニコニコした笑顔を作るためには、具体的には上の図の４つを意識しましょう。

実際にこの観点で笑顔を観察してみると効果的です。笑顔が素敵だなという人を見つけて真似をしてみましょう。

「常に自然な笑顔の人」のお手本を見たい人はディズニーランドに行ってみてください。

ディズニーランドのキャストの方は、皆さん明るい表情ですが、ニヤニヤ・ヘラヘラしている人はいないはずです。

▼10. 声が小さい

声の大きさは地味に大切です。聞き取れないような声は、相手にストレスを与えます。聞き取れない言葉をいちいち聞き返すのはストレスですし、聞き返しても声が小さいままの人は、相手が面倒になって「この人の話よく聞こえないから適当に返事しておこう」といった対応をされることすらあります。

そうなったら会話が盛り上がるわけがありません。はっきり聞き取れる声で話しましょう。声が小さくなりがちな人は息が吸えていない場合が多いので、前述した呼吸法でしっかり息を吸うよう心がけてください。

一方で、声が大きい人も要注意です。地声が大きい人、あなたの周りにもひとりはいませんか？　特に海外暮らしが長い人は要注意です。国によって騒がしい場所で話す機会が多かったり、言語によって発音の癖がついたりすることがあります。そうすると自分の耳が大きめの音量に慣れてしまっているため、声が大きいことを自覚しづらいのです。

声が大きいと、会話の相手は周りが気になってしまいます。声を落としてほしい気持ちから、相手の方の声が小さくなったり、周りの目が気になって会話に集中できなくなったりします。さらに「周りの人に聞こえている」と意識される状況だとプライベートなことなどは話しづらくなりますので、話していても心の距離が縮まりづらくなります。

声が大きい人は自覚がない人も多いので、「自分は大丈夫かな」と心配な人は、仲のいい人に自分の地声の大きさを聞いてみてください。

「俺、地声大きい気がするんだけど今これくらいの声で大丈夫かな？」
「もし声が大きくなっちゃってたら教えてくれる？」

こうやって聞くことで、声が大きすぎて周りに迷惑になっているときなど、相手も気軽に注意できるようになります。さらに、「周りに配慮しようとしている人なんだな」「悪気はないんだな」と伝わり、「声が大きくて無神経な人」と思われなくて済みます。

気にしすぎて話せなくなっては元も子もないので、治せない癖は先に言葉で伝えておきましょう。

また、当然ですが声の大きさは場に合わせて変える必要があります。騒がしいところでは大きい声に、静かな場所では声量を落とすことが大切です。自分の声がちゃんと聞こえていそうか、または大きくなりすぎていないかは、常に気をつけておきましょう。

第5章

思い通りに動かす誘導の技術

プライミング

相手の妄想を操る

突然ですが、あなたは妄想癖がありますか？

「実はあります……」という人、恥ずかしいことではありません。私たち人間は妄想をするようにできています。妄想ってどうして楽しいのでしょうか。

これはプライミング効果で説明がつきます。

「プライミング効果」は文脈によって様々な意味を持つ用語ですが、心理学においては「あらかじめ受けた刺激によってその後の行動に影響を与える現象」を指します。
簡単に言うと「旅行って行く前から楽しいよね」という話です。脳は実際にうれしいことが起きる前から、想像だけで快楽を得られるようにできています。もっと言うと、丸見えよりも見えそうで見えないほうが興奮するのもプライミング効果です。妄想の快楽はしばしば現実を上回ります。

このプライミング効果はセールスでも恋愛でも使いこなせると非常に強力です。
セールスであれば、実際に商品を買う前に、商品を買ったときの感情を想像させることになります。想像によって脳が快楽を感じるから、その快楽を途絶えさせないために商品を購入したくなるのです。

恋愛でも同様です。付き合いたい異性がいる場合、あなたと付き合っていることを想起させるような言動や行動が有効になります。その想像が楽しそうであれば、実際にあなたと付き合いたくなるのです。

別の言い方で「潜在意識は未来と現実を混同する」とも表現されます。

あなたが将来相手にとってほしい行動を、今、相手に妄想させるのです。これが「思考は現実化する」の正体です。

このプライミング効果を有効に活用するためにも、心のガードを外しておくことは大切です。相手が心を開いた状態でコミュニケーションをとることで、警戒心とバリアをすり抜けて相手の本能（潜在意識）に訴えかけることができます。

さらにプライミング効果は、あなた自身の行動をコントロールすることにも使えます。理想の未来を今現実で起きているかのごとくリアルに想像することで、あなたは実際にその未来に引き寄せられます。

こんな話をしておいて意外に思われるかもしれませんが、僕は「引き寄せの法則」という言葉があまり好きではありません。現実逃避のように使う人が多いからです。

本人が「絶対に無理だろうな」と思いながら荒唐無稽な夢を想像することは、「絶対に無理だろうな」という本音の部分が強く刷り込まれてしまい逆効果なので気をつけてください。

催眠は他人にかけるよりも自分にかけるほうが難しいものです。「自分を変えよう」と思ってプライミング効果を利用したい場合は、理想の状態が今本当に起きているかのごとくリアルに想像することがポイントです。「どうせ無理だろな」という心の声が生まれてしまうと、あなたの無意識はその心の声に従うので気をつけてください。

僕は今タイに住んでいますが、移住する前は海外で暮らしている自分をよく想像していたものです。毎朝サウナに入って展望の良いプールで瞑想を行う自分の姿や、窓から見えるような景色を頭の中で描いていました。

この想像を続けるうちに、自分のセルフイメージが理想側へズレていきます。日本にいる現実のほうが不自然なように感じられるのです。そうなってくると、海外に行くための手段や理由が面白いくらいポンポン見つかります。これが妄想の力です。妄想でセルフイメージをズラすのです。

他人にさせる妄想にも同じ効果があります。なるべくリアルに繰り返し妄想させることで、それが実現していない現状が逆に不自然だと感じられてきます。そうなると、**妄想を実現するための口実を勝手に見つけるようになります。**

ビジネスではあなたの商品を使っている姿を買い手に何度も妄想させることで、あなたの商品を買う理由を相手が勝手に探し始めます。

恋愛ではあなたと付き合っていて楽しい姿をたくさん想像させると、あなたと付き合うための理由を勝手に相手が探し始めるのです。

「もしこの商品を買われるとしたら……」

「もし一緒にハワイに行ったら……」

このような「もし」を使ったコミュニケーションはとても有効ですので、ぜひ多用してください。

二重の極み理論

本命は二撃目に隠す

セールスでも恋愛でも相手にお願いをすることってありますよね。人は自分を頼ってくれる人を大切に思うようにできています。よく逆だと勘違いしている人がいるのですが、**人は頼りにできる人ではなく自分を頼ってくれる人を大切に思いやすいです。**

しかしなかなかお願いを聞いてもらえない人や、他人にお願いをすること自体に不安がある人もいるのではないでしょうか。そんな人にお願いを聞いてもらえる確率を飛躍的に上げるテクニックをお伝えします。

それが「二重の極み理論」です。

あなたは二重の極みをご存じでしょうか？　『るろうに剣心』という漫画で登場した厨二心をガッチリ掴んで今でも語り継がれる有名な必殺技です。

作中、二重の極みの理論は、要約すると次のように紹介されています。

通常、物体を殴るときには、物体から抵抗する力が生じる。その力によって本来の衝撃は物体に100％届かない。しかし一撃目を入れた刹那、二撃目を入れることで本来生じる抵抗を0にして対象に直接ダメージを叩き込める。二重の極みが決まることで、物体は粉々に破壊される。

当時この二重の極みを習得しようとやっきになって練習をした方も多いのではないでしょうか。僕もそのひとりです。

言うまでもなくこの二重の極みを現実世界で行うことは不可能です。しかし心理的な世界においてこの二重の極みは実現できます。やり方を説明します。

お願いをする前にどうでもいい理由をひとつ付け加えてください。これだけです。最初のどうでもいい理由を受け入れさせることによって、二つ目のお願いに生じる抵抗を0にするのです。

枕詞を入れるだけで、人を動かす成功率が上がる

本家の二重の極みと同様、型はとてもシンプルです。

お願いの前に「～だから」というワードを使ってください。

「ちょっとこれ手伝ってくれない？」ではなく「今急いでいるからちょっと手伝ってくれない？」こう言うだけです。「うちに寄っていかない？」ではなく「疲れちゃったからうちに寄っていかない？」こうです。

理由は適当なものほどいいです。論理的におかしい理由であっても、効果があることが実験によって証明されています。

理由を考えるのが面倒な人には、マルチ商法でセミナーに人を動員するときによく使っていたフレーズも紹介しておきます。

・せっかくだから
・ちょうどいいから
・すごいチャンスだから

何がちょうどいいかわからなくていい。何がせっかくなのかわからなくていい。何がチャンスかわからなくていいのです。

「せっかくだからセミナーに出てきなよ」

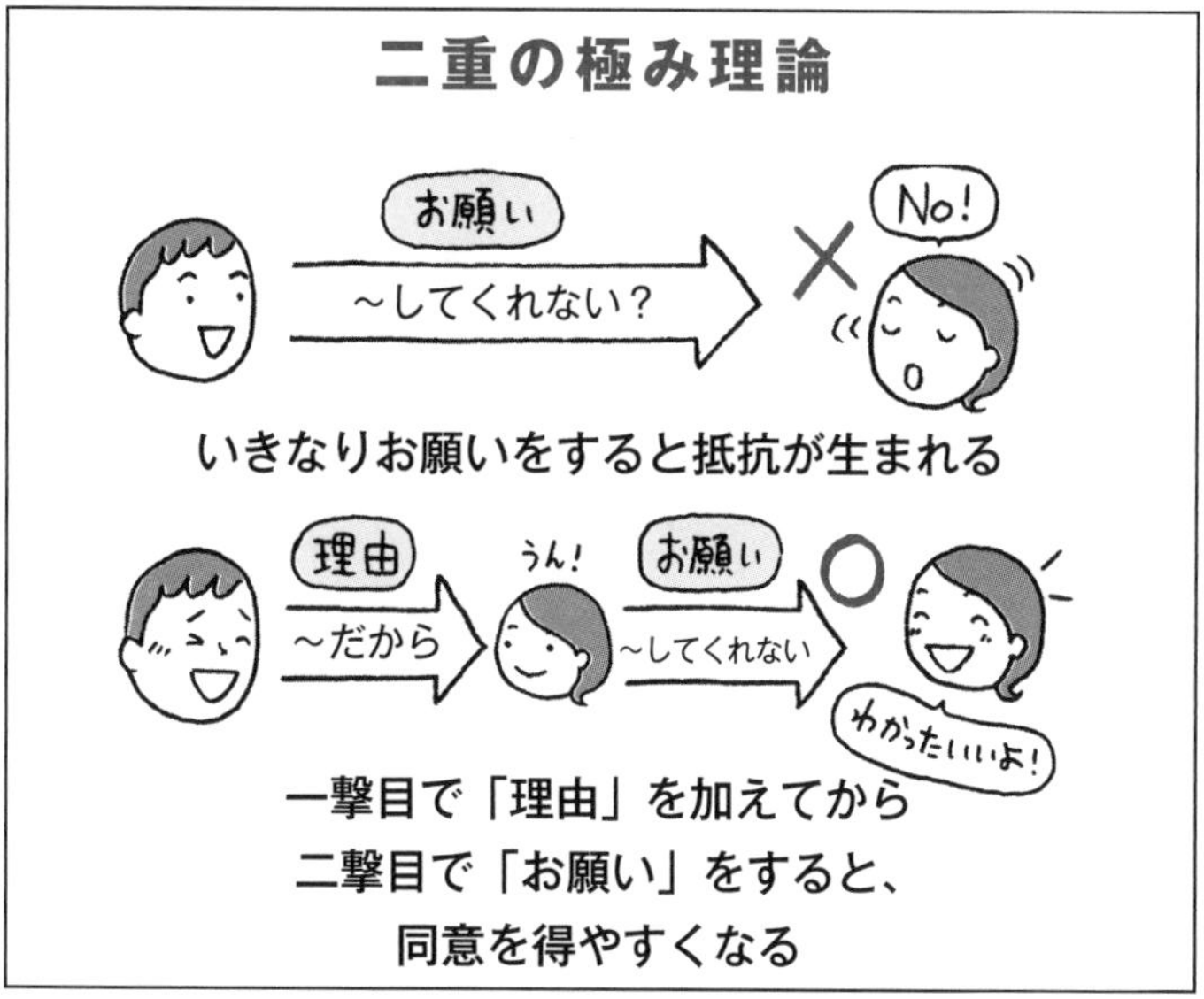

「ちょうどいいから一緒にアポ取りしよう！」

「すごいチャンスだから参加しといたほうがいいよ」

こんな感じで使います。この枕詞を入れるだけで勧誘や誘導の成功率は飛躍的に上がりました。ぜひ使ってみてください。

これらの技術を使ってお願い事をドンドンしてください。特に日本人は人に頼るのが苦手な人が多い傾向があります。頼み事が上手にできるだけで、生きやすくなる人は多いでしょう。

さらに前述の通り、お願いを聞いてく

れる人よりも、お願いを聞いてあげた人が好かれます。お願いを聞いてもらったら、しっかり感謝を伝えて可愛がってもらいましょう。相手の心のガードは確実に緩みます。

ランフォース理論

出口を塞いで相手の行動をコントロールする技術

二重の極み理論を使ってもまだ心のガードが外れてなく、警戒心をあらわにしている人もいます。そんなときに使いたいのが、「ランフォース理論」です。ランフォースとは、出口を塞いでコントロールするアメフトの技術です。

アメフトという時点で勘のいい人はお気づきかもしれませんが、大ヒットスポーツ漫画『アイシールド21』の技から名前を取っています。漫画の例えが多すぎでウンザリしている人もいるかもしれませんが、決してふざけているわけではありません。

インパクトのある名前がついているほうが、段違いに記憶に残りやすいのです。これもマルチ商法時代の指導経験から生み出した僕なりの工夫です。

さて、ランフォース理論をコミュニケーションで使うとどうなるか。ランフォースとは、相手に進んでほしくない道を塞ぎ、進んで欲しい道に誘導する技ですから、**相手に言ってほしくないネガティブなワードを先にこちらで言って話の流れを誘導する**ことになります。

例えばマルチ商法の勧誘では、次のように、ビジネスの話をする前に望ましくないリアクションを先出しします。

「この前せっかく聞きたいって言うから仕事の話をしてあげたのに、自分から聞きたいって言ったくせに『それは怪しい!』とか言われたんだよね。めっちゃ失礼じゃない? じゃあ最初から聞くなよって思わない?」

そうすると相手は、「それは失礼だよね。私はそんなこと絶対に言わないから聞かせて」と答えます。

このやりとりをしたあとに仕事の話を聞いて「怪しい」と言える人は、まずいません。また、逆に質問の余地を残して、そこに相手を誘導するという作戦もあります。あえて相手に聞かれてもいいことを聞かせたうえで、あらかじめ用意していた完璧な回答を伝えて安心させるのです。

例えばマルチ商法では、あえて具体的な勧誘のやり方を伝えないままビジネスの説明をしたりします。そして「以上が概要なんだけど、何か聞きたいことある?」と、質問をします。そうするとやり方を説明してないわけですから「なんだかすごい話なのはわかったけど、私にもできるかな?」こういう質問が高確率でやってきます。ここに対して準備していた完璧な回答をすることで、相手は深く納得をします。

人は最初から説明をされるより、自分で質問をした結果として答えを獲得したほうが、強い納得感を感じるのです。ですので、質問の余地が一切ない説明は、学校のテストでは100点ですが、現場ではベストではないことがあります。

言われたくないことは先に潰しておき、聞いてほしい質問を誘導して聞かせる。これを狙ってできるようになると、セールスの成功率は格段に上がります。

ジャングルクルーズ理論

心の向きを相手に揃える技術

ここまで本書で解説したテクニックを駆使して、異性をデートに誘えたとします。
デートスポットの下見をバッチリ済ませて、斜めに向き合える席を確認したとします。
しかし、デートで下見をした男性が陥りがちな致命的な失敗があります。
それが、常連感を出すことです。

女性「何これ、初めて食べた！　美味しい！」

男性「だろ？　これはほかの店にはないんだよ！」
女性「ここってすごく綺麗なとこだねー。インテリアがおしゃれ」
男性「80年代のフランスをテーマにしているからね。この絵とか……」

こんなやりとり、あなたはしていませんか？　自慢が嫌われるというのは周知の事実ですが、自慢げに話すことは自慢と同じくらいNGです。ジャニーズとジャニーズ系男子は違いますが、同じようにモテますよね。○○系・○○風は実質的に本物と同じような評価をされることが多いのです。

自分が感心しているときにマウントを取られると、せっかく動いた感情が冷めます。

座席では面と向かって向き合うのではなく、同じ方向を見ることが大切だと解説しましたが、これは体の向きだけでなく心の向きにも言えることです。同じ立場に立って同じリアクションをとることで共感を表現してください。

先ほどの失敗例を直すと、正解はこうなります。

女性「何これ、初めて食べた！　美味しい！」
男性「うわ！　ほんとだ！　めっちゃ美味しいね！（って言うのこれが100回目だけど）」
女性「ここすごく綺麗なとこだねー。インテリアがおしゃれ」
男性「いい雰囲気だよねー。インテリアいいねー（そりゃそうだよ。ここの家具は全部マスターが現地で仕入れに行ったくらいこだわっているんだから。ああ、言いたい。アンティークのうんちくを語りたい。でも我慢）」

つまり、相手が「初めて」に感動しているときには、初めてのふりをしてください。デートの下見をしておくことは有効ですが、下見はバレないことが大切です。
「そんなことしたら自分が楽しめないじゃないか」と思ったそこのあなた。はい、その通りです。「自分が楽しまなければ相手も楽しめない」なんて嘘です。正確には相手が楽しんでいる姿を見てあなたが楽しめばいい話です。

あなたは、ディズニーランドのジャングルクルーズに乗ったことはありますか？

心の向きを揃える
×
○
この店ステキだね
そりゃそうだよ、このお店はさ…
自慢・マウントや常連感はNG
この店ステキだね
ほんと！いい雰囲気だよね
同じ絵を観客として見ているイメージ
同じ立場に立ち、同じリアクションで共感を示す

ガイド役のクルーが「うわー！　カバが襲ってきたぁ！　普段はおとなしいのにい！」とか「首狩族の集落に迷い込んでしまいました。……彼らのダンスを見て生きて帰った者はいないと言われています……」とか、あることないことを話してくれるから楽しいんですよね。

あれが「今から首狩族の集落を抜けますが大丈夫です。僕は通算1000回くらい通っていますが、何の危険もありませんから」なんて言ってきたらシラけますよね。

ベテランのクルーほど、初めてのテイで乗客以上にオーバーなリアクションをとってくれるから、乗客が楽しめるのではないでしょうか。

余談ですが、僕は独身時代、3日続けて違う女性とディズニーデートをしたことがあります。3日とも同じコースを巡りました。僕は3日目が一番つまらなかったですが、3日目に案内した女性が一番楽しんでくれました。あのときは、自分がディズニーランド全体を使ってジャングルクルーズをしている気分でした。よってこの理論をジャングルクルーズ理論と名付けています。

同じ釜のメシ理論

手っ取り早く安心感を作り出す方法

デートで有効なテクニックをもうひとつお伝えしておきます。

それは、一緒に食事をすることです。できれば同じ釜のメシを食べてください。

生物的な安心感の話を覚えているでしょうか。「同じ釜のメシを食う」が有効な理由は2つあります。

ひとつは食の好みが合うと感じさせられること。食の好みが合う人とは「この人といると食料を確保しやすく安全」と相手の本能が感じます。

そしてもうひとつは「この食事には毒は盛られていない」という本能的な安心感を伝えられることです。「毒なんて盛るわけないじゃないか！」なんて言わないでくださいね。理性ではなく本能の話をしています。人の本能は大昔から進化していません。


以上2つの理由から、同じ釜のメシを食うと相手は安心感を感じてあなたを仲間だと思うようになります。

具体的には、鍋・しゃぶしゃぶ・もんじゃ・お好み焼きなどがオススメです。特に鍋を取り分けたり取り分けてもらったりするのは、仲間でなければしない行為なので、認知的不協和が働き仲間意識が深まります。

あなたが大学生なら鍋パ・タコパを開催しまくるといいでしょう。準備も簡単で材料費も安いですし、1ルームの小さい机で同じ鍋をつつけば物理的な距離もおのずと縮まります。もちろんお酒も進むでしょう。本当に大学時代の自分に教えてやりたいです。

ピークエンドの法則

エンドですべてが決まる

これもメラビアンの法則と並んで、コミュニケーションを解説するうえで必ず毎回説明しなければいけないと思っている法則です。

僕の発信を前から見てくれている方は、もうさすがに説明できるレベルになられたのではないでしょうか。僕がお伝えしてきた心理効果の中でもトップクラスの登場頻度です。

ピークエンドの法則とは、「人の印象に最も残りやすいのはピークとエンドの2つ」

という法則です。ピークが印象に残るのは当たり前なので、意識すべきはエンドです。最後こそが肝心なのです。

どんなに楽しいデートも最後に喧嘩したり空気が悪くなったらすべてが無駄になりますよね。逆にデートに遅刻して最初は相手が怒っていたとしても、最後にいい雰囲気で終われればそのデートはきっと次につながるでしょう。

ですので、**プレゼントは最後に渡しましょう。**

1日デートをするときには、最初に全力を使い果たして最後にだらけるようなことは避けてください。ロマンチックな夜景を見たあとにファミレスに寄って喧嘩なんかしたら最悪です。

ピークエンドで考えると、ディズニーランド・ディズニーシーは本当によくできています。昼間は楽しく明るい雰囲気ですが、夜にライトアップされるとムーディーな雰囲気に自動的に切り替わります。もしデートで行くときには、ロマンチックなアトラクションを最後に取っておきましょう。

具体的に個人的なオススメを紹介しておくと、終盤候補は「ピーターパン空の旅」と「ホーンテッドマンション」です。どちらも2人乗りの距離が近いうえ、ピーターパンは夜景が綺麗ですし、ホーンテッドマンションは乗り物が傾くときに一緒に寝ているような姿勢になります。

もっと夜の話になりますが、俗にいう賢者タイムは最悪中の最悪です。僕も男なので気持ちはわかりますが、賢者タイムで賢者モードになるのは愚者のすることです。賢者タイムにいかにピエロを演じられるかで、男の真価が問われます。

ジャングルクルーズ理論でお話ししたように、相手を楽しませるためには自分の欲望を理性で押さえ込む度量が必要です。賢者タイムのときこそ、賢者から遊び人になってください。

「売る」ではなく「審査する」

人を選ぶことで、成功率は上げられる

恋愛の話が続いてしまったので、セールスをする際のコツについてお伝えします。
とはいえセールスと恋愛はとても似ています。

まず、「ものを売る＝好かれる」と心得てください。
セールスに抵抗のある人は、「ものを売る＝嫌われる」と考えている人が多いです。
そしてその背景には、商品または自分に対する自信のなさがあります。最高の商品を

最高の自分が売るのであれば、「セールス＝好かれる」という発想にしかなり得ません。

そして、その前提に立ったとき、セールスは「誰でもいいから買って」ではなく、「こちらで顧客を審査する」という行為に変わります。**こちらが顧客を審査して、絶対に満足してくれる人だけに売るのです。**

今の時代、唯一無二の商品というのは少ないです。どこかしら競合と似通ってくる点があります。その中で、あなたの商品を買って満足するかは、品質の高さ以上に、相性が合うか合わないかが一番大切です。

それを「どうせ似たようなものだから」という自分都合で、顧客を丸め込んで売りつけてはいけません。それでは顧客満足度を下げ、クレームを生むだけです。

本当にこの商品を売ってもいい顧客かをあなたが審査するつもりでコミュニケーションをとってください。「売ろう」とすると顧客を無視したプレゼンになりがちです。「審査する」という目線だと、目の前の顧客をよく観察できます。

観察をすると「絶対に売り込まなければ！」とか「この人から何がなんでも好かれるんだ！」という力みがなくなるので、良い感じで力も抜けて自然体でいられます。

自分が自然体になると相手の警戒心は自然とほぐれます。


大事なのは「目の前の相手が、自分が求める顧客像か」を見極めることです。

相手の反応を観察し、自分とのコミュニケーションからどう気持ちが変化していったかを観察しましょう。そうすることで目の前の顧客の気持ちが手に取るようにわかるようになります。

また「審査する」なんていう、ある意味で上から目線のスタンスは「商品が絶対的にいいものだ」という自信がなければ成立しないので、逆説的にあなたは顧客から自信満々の頼れるセールスパーソンに映ります。

さらに「目の前の顧客が実際に商品を使ったら本当に満足するか」という前提でヒアリングすることになるので、顧客も脳内で自分が商品を使っているイメージをしやすくなります。

実際に自分がその商品を使っているイメージが脳内に湧くと、「保有効果」という心理効果が働いて商品が必要以上によく見えて欲しくなります。

もちろん顧客が欲しがっても、あなたの審査の結果、ふさわしい顧客ではないと判断したら断りましょう。絶対にこの顧客であれば売ったあとに満足してもらえるという確信が持てたときのみ、商品を売ってください。


そうするとおのずと顧客満足度は高くなります。僕もコーチングのクライアントは厳格に審査しています。面倒なフォームを書いていただいたうえで、1対1で面談をします。そして、どれだけ相手が受講を希望していても、自分の審査基準を満たさなかった人はお受けしていません。

その結果、とても高い顧客満足度になり、非常に多くの人がセッションを延長されたり、「大切な人にも受けさせたい！」と友人や知人を顧客として紹介してくれたりするようになりました。おかげで集客をする必要がなくなり、広告や発信をしなくても常に満員状態になっています。

最強の心理技術を自動発動させる習慣

「返報性の法則」という心理学好きなら絶対に知っている法則があります。「今の時代、強力な心理技術はすぐに広まる」というお話をしましたが、認知度から考えても返報性の法則がいかに強力かは想像に難くないはずです。

第2章でも少し触れましたが、返報性の法則とは、何かを与えられるとお返ししたくなる心理のことです。おそらくほとんどの人が知っていることでしょう。

しかし「知っている」と「実際にやっている」は違います。あなたは返報性の法則を使いこなしていますか？

「まあ気づいたときにやっているかなー」くらいではもったいないです。心理学で最も認知されているということは、最も超強力な心理効果です。これを使い倒さないのは損ですらあります。

そこで、僕が実際にやっている3つの習慣を紹介します。とても簡単ですが、この3つの習慣をただ実行するだけで、あなたは返報性の法則の恩恵を最大限に受けられるようになります。

1．消耗品のお土産は即買い

「プレゼント＝心のガードを外す鍵」と言っても過言ではないくらい、プレゼントは強力なツールです。しかし、あなたはプレゼントを月に何回くらい渡していますか？「月にどころか、年に1回渡しているかも怪しい」という人もいるのではないでしょうか。

慣れてない人にとって、プレゼントなんて何かきっかけがないと渡しづらいですよね。ゲームをやった経験のある人はわかると思いますが、プレゼントを贈ることでキャラクターの好感度が上がります。「そんな単純な……」「ゲームと一緒にされても」と思いましたか？　単純なんですよ、人の心は。

プレゼントを渡せば渡すだけ好感度は上がります。返報性の法則が働いて、与えれば与えるだけお返しをしてもらえます。シンプルですが、これが真実です。

ただし、もちろん貰ってうれしいものでなくてはいけません。そう言われると難しいと思うかもしれませんので、言い方を変えます。貰って困るもの以外なら好感度は上がります。

では、貰って困るものとは何でしょうか？　高価すぎるものと、邪魔になるもの、それから不自然なものです。それ以外のプレゼントは、渡すだけ得をします。

不自然なものとは、貰う理由が理解できないものです。関係の薄い人から突然プレゼントを貰っても「何か裏があるの？」「気味が悪いな」と感じられてしまうことがあります。

そこで便利なのが、お土産です。「先日〇〇に行ってきたので」と言いながら渡せば、プレゼントをする理由が生まれるので、相手も自然に受け取れます。特定の場所に行かなければ手に入らないものは希少性も生まれるので、実際の価格以上に高い価値を感じてもらえてコスパもいいです。

ですので、お土産を見つけたら即買ってください。買う時点では相手が決まってなくてもいいのです。人間は生きていれば誰かと関わりますから、買ったあとに会った人に雑に渡していけばOKです。この習慣があるだけで、あなたの人間関係における好感度メーターは自動的に上昇していきます。

では、お土産の中でも貰って困らないものとは何でしょうか？

まず、食べ物は大体外しません。もちろんダイエット中の人にドーナツを差し入れたら困らせてしまいますが、周りにそういう人が多いならドライフルーツなど罪悪感のないものを選べばOKです。僕はタイに住んでいるので、日本に行くときには、毎回大量のドライマンゴーを持ち込んで会った人に片っ端から渡しています。

ほかには、ハンドクリーム、バスソルトなどの消耗品も無難です。女性はもちろん、男性でも女子力の高い人は増えていますから、意外と喜ばれます。あとは家族がいる方は「もしお好みじゃなかったら奥さんにどうぞ」と渡すのも有効です。

僕はお土産コーナーでお菓子、ドライフルーツ、ハンドクリームなどを見かけたら、多めに買うようにしています。直近で会う人の数＋3〜5個くらいは買います。

お菓子でよく買うのは、「博多通りもん」のような定番だけでなく、自分では買わないけどちょっと面白そうなものもオススメです。ご当地ハイチュウとか、ご当地キャラメルとかは「おひとつどうぞ」って分けられるので1、2個買っておくと便利です。

ハイチュウひとつくらいなら初対面の人でも気軽に渡せますし、「この前○○に行ってきたんですよ」という雑談のネタにもなります。余ったら自分で食べればいいわけですから、買っておいて損はありません。

2．誕生日をスマホに記録させる

「自分は旅行とか全然しないから、お土産を渡す機会はないな。プレゼント作戦は使えないな」そう思ったあなたは、向こう1カ月の水分をすべて「レモン牛乳」（栃木県のお土産で定番となっている乳製品。癖が強い）に変えて反省してください。

お土産以外にもうひとつ、プレゼントを自然に渡せる機会があります。

それが誕生日です。誕生日が近くなった人にはプレゼントを渡しましょう。


「誕生日とか覚えるの、苦手なんだよね」ですよね。わかります。僕も誕生日を覚えるのは苦手です。親の誕生日すら覚えられません。しかし、毎年必ず誕生日にはプレゼントを贈っています。


その方法が「誕生日をスマホに覚えさせる」です。親の誕生日はカレンダーに登録してあるため、僕が覚えていなくても通知が来るので思い出せます。

ただ、この方法で会う人全員の誕生日をカレンダーに登録してしまうと、関係性が薄い人の誕生日までカレンダーに出てきて見づらくなってしまいます。関係の薄い人から「今日誕生日ですよね！」とプレゼントを渡されたら気マズいですよね。

また、誕生日当日にカレンダーを見て知ってもプレゼントが間に合わないこともあります。恋人などの特別な関係を除いて、誕生日から多少遅れても問題ないですが、中には前もって準備しておきたい人もいるはずです。

そこでオススメなのが、**LINEの名前設定**です。LINEでは、友達になった人の名前をこちらで変更することができるのをご存じでしょうか？　変更した名前は自分にしか見えないので、嫌いな先輩の名前を「資本主義の豚」に変えてもいっこうにバレる心配はありません。

誕生日を知る機会があったらすかさず友達の名前の後に誕生日を入力してください。例えば西郷隆盛は誕生日が1月23日なので「西郷どん1／23」このように設定します。これによって、LINEでやり取りをする度に誕生日を目にすることになるので「お！　この人もうすぐ誕生日だな」と気づけるようになります。

また、恋人や夫婦など、誕生日を絶対に忘れない相手の場合には他の記念日を名前の横に入れておく手もあります。例えば出会った日、付き合った日、新婚旅行に行った日などです。人は自分のことをよく覚えてくれている人に好意を抱きますので、誕生日以外の記念日にサプライズができると喜んでもらえます。

3．LINEギフト

「誕生日当日にスマホを見て知ってもプレゼントを用意できない」
「仕事が忙しくて簡単に人に会えない」

まだそんなことを言っている方がいたら、今日から1カ月間、摂取する水分をすべて牛乳抜きのレモン牛乳にして反省してください。

LINEギフトをご存じでしょうか？　LINEを使ってプレゼントを贈れるサービスです。LINEのアプリから「ギフト」というアイコンをタップすると詳細を見れます。

LINEギフトは超便利です。ハーゲンダッツ商品券やスタバ商品券などは数百円からありますし、1万円以上のスイーツやお酒を配達することも可能です。配達はLINEからギフトを受け取った相手が自ら住所を入力するスタイルなので、住所を知らない人にも贈れます。

さらにギフトを贈る際にメッセージも付けられます。直接感謝を伝えるのが照れくさい人にもギフトと一緒であれば伝えやすくなったりします。

リアルで会った人にはお土産や誕生日プレゼントを渡し、なかなか会えない人にはＬＩＮＥギフトを贈る。これが「返報性の法則」を最大限に活かし仕組み化した人間関係術です。

ためしに今すぐ本を閉じて、最近助けてもらった人や、感謝を伝えたい人に「いつもありがとう」と一言添えてギフトを贈ってみてください。貰った相手だけでなく、贈ったあなたも幸せな気持ちになるはずです。

物を買った幸福度は買ったときに最大になり、時間とともに減少していきますが、物以外のことにお金を使った幸福度は時間とともに増加していきます。人に物を贈る習慣を持ち続けると、年々幸福度は上がっていきます。

何よりあなたがプレゼントをたくさん貰える人になります。自分で買ったら何も感じない物であっても、人から貰うだけでうれしく感じるものです。プレゼントの習慣は人を喜ばせるだけでなく、あなた自身を幸せにするための投資でもあります。

Dr.ヒロ式、認知的不協和をフル活用したミーティング

一瞬で仲良くなれる究極のテクニック

この章の最後に、今の僕が実際に使っている一瞬で人と仲良くなるテクニックを紹介します。非常に具体的かつ簡単なので誰でもすぐ使えますし、効果は抜群です。ただし、ひとつだけ残念なお知らせです。この方法は主に男性向けです。女性の方は使いづらいと思いますのでご了承ください。

どんな方法かと言うと、ズバリ裸の付き合いです。

僕は初対面の人と一緒にお風呂に行くことがとても多いです。今継続的に会っている友達は、9割ぐらいの人が会って2回以内にお風呂に行って裸の付き合いをしています。

裸の付き合いをするメリットは5つあります。

1つは、「認知的不協和」が働くことです。

「手の内を明かす」「腹を割って話す」という言葉があるように、人は警戒している相手には体の一部を隠す習性があります。裸を見せる行為はその対極です。信用のおける相手でなければ、裸は見せられません。つまり、一緒にお風呂に入って裸を見せ合う行為は、認知的不協和によって互いに信用できる仲になる最強の切り札なのです。

しかも温泉に入ってホッとすると心も表情も緩みますよね。初対面でも幼馴染の友達と同じくらいリラックスして雑な話から深い話までなんでも話せる関係になれますよ。

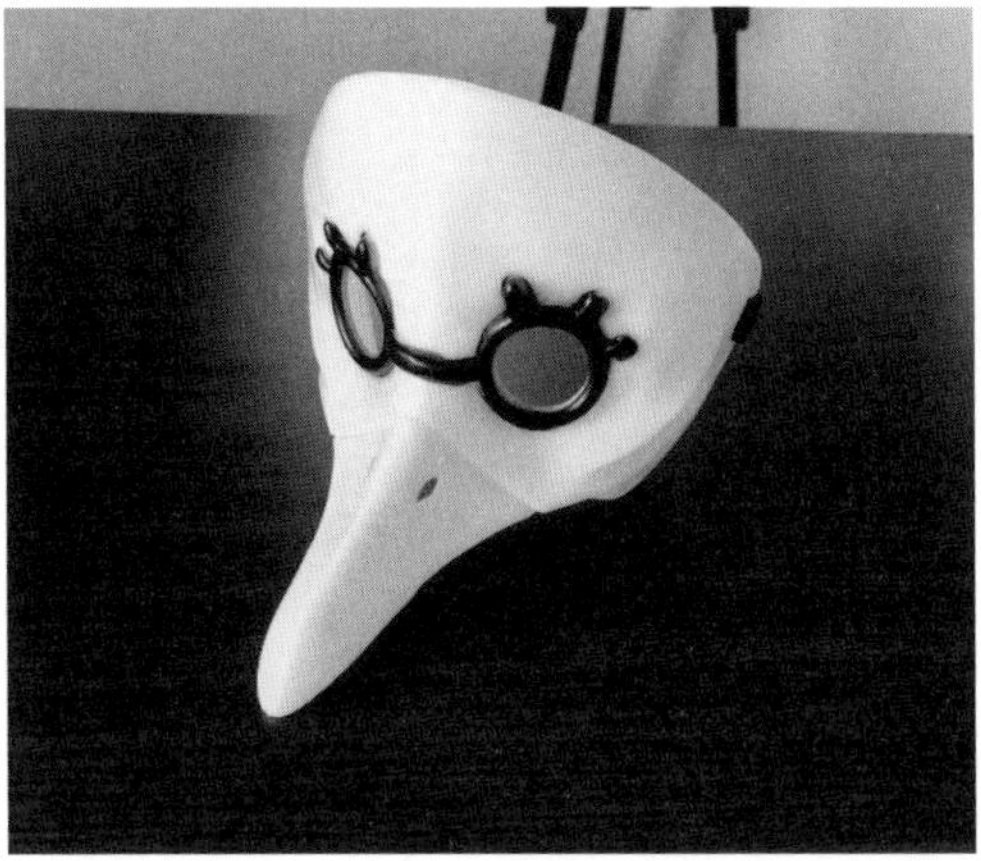

2つ目は、一緒に苦しみを味わえることです。「いや苦しみたいとか思っていませんけど!?変態なんですか!?」そう思った方もいるでしょう。こんな仮面（上図）を被ってYouTuberやっている奴が言うのもなんですけど、僕は変態ではありません。「苦楽を共にする仲間」という言葉もあるように、一緒に苦しい思いをするだけで絆のようなものが生まれます。

しかし、日常で一緒に苦しい思いをする機会はそう多くありませんよね。そこで、サウナの出番です。サウナに一緒に入ることで、手軽に苦しさを共有できます。しかもその後、水風呂↓外気浴という一連のルーティンをすることで、苦しみから快楽まですべて共有できます。

中にはサウナの正しい入り方を知らなかったり、水風呂の入り方がわからない「ととのいヴァージン」の男性もいるので、正しい作法を教えてあげるととても喜ばれたりします。

3つ目は、健康になることです。

友達付き合いで毎回のようにお酒を飲んでいたら体に悪いですし、仕事が忙しくてふだん汗をかく機会がない人もいますよね。温泉・サウナで友達付き合いをすることで、すべて解決します。

人と会えば会うほど健康になっていきますし、仕事の話も温泉に浸かりながらするのでまったく疲れません。さらに「鞍枕厠《あんちんし》」や「三上《さんじょう》」と言った言葉があるように、リラックスした時ほどいいアイデアは湧きやすいものです。

都内では貸切サウナが流行っています。ほかの人がいる中で話すのはマナー違反なのでいちサウナーとして絶対にやめていただきたいですが、貸切であれば周りを気にせず話せますし、ほかの人に聞かれたくない話もしやすいです。

4つ目は、反社チェックです。

これは半分冗談ですが、お互いに刺青がないことを確認できます。刺青＝全員悪人なんてまったく思っていませんが、日本では怖い人に刺青を入れている人が多いこともまた事実。特に僕の場合、元マルチという背景もあって、業界をよく知らない人からすると「反社じゃないか」と疑いを持っている場合もあるみたいです。僕みたいなテイストの人間で刺青が入っていたら怖いですよね。裸の付き合いをすることで念のための確認がお互いにできます。

5つ目は、誘いやすいことです。

温泉・サウナは人を選びません。趣味を一緒に楽しむのって意外と難しいものです。スポーツだと経験によって差が生まれますし、映画は好みが分かれます。カラオケも大人になるとハードルが高かったり、お酒は飲まない人は一緒に行きづらいです。

そうなると、一緒に食事に行く以外の選択肢が限られてくるのが大人の付き合いの難しいところ。その点、温泉・サウナは初心者上級者を問わず誰が行っても気持ち良くなれるので、共通の趣味としてこんなに便利なものはありません。

ですので、誰を誘っても失敗しませんし、一度サウナをご一緒すると、ほとんどの人が「また行きましょう」となります。サウナ未経験の人でも高確率でサウナにハマって、そこからサウナ友達という共通の趣味までできます。最強です。

また、あなただけが知っている穴場をいくつかストックしておき、サウナ・温泉好きの人に紹介すると、とても喜ばれます。サウナ好きの友達同士で穴場を教え合うと、秘密を共有した感覚になります。秘密の共有も、認知的不協和を利用した仲良くなるテクニックの中で非常に強力なもののひとつです。

巻末の特典の1つに僕が行って良かった全国のサウナ施設を紹介していますので、ぜひ受け取って行ってみてください。

第6章

人を動かす影響力を身につける「自分の磨き方」

「誰が話すか」を磨く方法

最後の章は、即効性のないテーマを扱います。しかし、とても重要です。「誰が話すか」の「誰」を磨くための方法を解説します。

極論「誰が話すか」ですべてが決まりますので、心のガードを外すテクニックを使わなくても、あなたが「心のガードを外せる人」になれていれば、心のガードは外し放題になります。

年収1億円の人と年収300万円の人は何が違うのか?

あなたは何か大きな目標を持って生きているでしょうか?

「誰が話すか」を磨く方法で最も効果的なのは、「目標を設定する」ことです。

人は何かを目指して前を向いている人に惹かれます。

魅力的な人になるためには、現在進行形であなたが何かを目指して挑戦することが必要です。

学生時代を思い返してみてください。学生時代、女の子のお尻ばかり追いかけている男子より、運動部で全国大会を目指して練習に励んでいる人のほうがモテませんでしたか。

コーチングでもよく言っていますが、人のパフォーマンスは才能や努力ではなく、何を目指しているかで決まります。

年収1億円の人は年収300万円の人の30倍以上稼いでいますが、30倍の能力があるわけではありません。

そもそも人間の能力に30倍も差が開くなんてあり得ないです。あくまでもひとつの指標ですが、頭の良さを表すIQでいえば、70未満は知的障害とされています。ですので、障害がない人の最低値は70です。一方でＩＱが高い人はというと、東大生の平均値が約１２０くらいで、１３０を超えると天才と言われたりします。知的障害のない最低値が70、東大生の平均値が１２０、天才と呼ばれ始めるのが１３０。つまり、ほとんどの人の頭の良さは2倍も変わらないのです。

では、何が年収1億円の人と３００万円の人を分けるのでしょうか。努力量でしょうか？　違います。むしろ大変さで言えば、年収1億円の人より年収３００万円の人のほうがよほど辛い思いをして働いています。労働時間も年収３００万円の人のほうが長い場合がほとんどでしょう。

「何をもって努力と呼ぶか」という議論はさておき、精神的にも時間的にもより多くのコストを払っているのは明らかに年収３００万円の人です。

この事実は薄々知っている人が多いですよね。お金持ちは好きな仕事をして、毎日楽しく過ごし、好きなときに遊びに行きます。

僕も社会人として一番辛かった時期は新卒の会社員をしていた頃です。その次がマルチ商法をしていた頃、そして一番楽で収入も多いのが今です。

新卒の会社員のときは毎月100時間前後の残業をしたうえで年収は300万円くらいでした。仕事の面白みもゼロで、人間関係で好きな人は職場にひとりもいませんでした。心から会社に行きたくなくて駐車場に車を止めて30分くらい出られなかったこともあります。

毎日の残業が終わる頃には食欲がなくなっていて、それでも「何か食べないと」と思って牛丼屋に行って七味を大量にかけて真っ赤な牛丼を食べていました。辛くないと喉《のど》に通らなかったのです。しかし辛いものが苦手な僕はそのあとお腹が痛くなり、朝は胃もたれを抱えながら出勤していました。

マルチ商法を本業にしてからは土日もなく365日が仕事でしたが、会社員の頃よりは楽しく働けていたのでストレスは減りました。年収はピークで2000万円近くありました。

そして今はどうかというと、仕事で辛いことは0で、むしろ楽しくて仕方ないです。

「遊びよりも楽しくなければその仕事はしない」というスタンスなので、仕事は遊びより楽しいことしかありません。

しかも、子どもの頃以上に時間の融通が利きます。デスクワークは午前中だけと決めているので、ほぼ一日中が自由時間です。もっとも午前中も仕事をしない日が月の半分ぐらいありますが、それでも収入はマルチ商法をやっていた頃よりもだいぶ多くなりました。

これは僕が特別だからではありません。今僕が付き合っている友達は、僕がやっていたマルチ商法のトップの人よりも収入が多い人がほとんどです。

しかし、忙しそうに働いている人はひとりもいません。遊びに誘ったら断られることはまずありませんし、毎月何人かタイに遊びに来ますし、僕も毎月のようにタイ国外に遊びに出たりしています。

人は何歳から差がつくのか

才能とは切り取るタイミングで決まる

「それはヒロさんに才能があって、同じように才能がある友達と付き合っているだけでしょ。自慢しないでよ」

はい、ここが大切なポイントです。どこの部分を切り取って「才能がある」というのでしょうか。もちろん今だけを切り取った場合、僕も僕の友達も平均年収よりははるかに多く稼いでおり、時間も自由なわけですから「才能がある」と評価できるかもしれません。しかし時系列をずらせば、必ずしもそうとは言えません。

例えば学生時代。今仲良くしている人たちは勉強が得意だった人は少数派です。学歴を見ると高卒やいわゆるFラン大学の出身者も半分くらいを占めています。在学中に起業して稼いでいたような人は、ほぼいないです。ほとんどの人がいったん会社員を経験したり、独立したあとに同世代の会社員よりもお金がない時期を経験しています。

「本当に才能がある人」というのは、最初から上手くいく人たちのことですよね。うまくいっていなかった時期を切り取って評価するのであれば、僕や僕の友達は「才能がない」「負け組」と評価されたはずです。

自慢じゃないですが、僕は会社員時代かなりダメダメでした。毎日のように書類をミスしたり、会議が始まった瞬間にラリホーマ（高確率で複数の敵を眠らせる呪文）がかかる呪いを受けていたので居眠りも日常茶飯事。同期の中でもトップクラスに怒られていました。

また、勉強も元々できたわけではないです。中学2年まで誰も受験勉強をしないような超田舎の中学校で中の上くらいの成績でした。最終的には背伸びして高校は地元で一番の進学校に進学しましたが、「頭がいい人は公立中学レベルの勉強はロクに勉強しなくても100点を取る」なんて聞きます。僕は全然そんなことはありませんでした。ただ凡人が背伸びしただけです。

しかも僕は体が弱く、運動もロクにできませんでした。今で言えば障害に認定されるギリギリくらい発育が遅かったのです。幼稚園の頃、かけっこで僕の足があまりにも遅かったので、みんなと同じレーンを走らせてもらえず、僕だけ半分くらいリードした状態でスタートさせられていたのを今でも覚えています。

当然のようにイジメられ、つきとばされて肩の関節が外れたり、頭を縫ってそこだけ髪の毛が生えてこず、それをネタにさらにイジメられた経験もあります。小・中・高と入院したほどの虚弱体質だったので体育の時間は本当に苦痛でした。

つまり、勉強は平凡、運動は超ダメ、就職してみたら仕事もダメという、むしろ平均より才能がなかったのが生まれてから20年くらいまでの僕です。

そんな僕が変われたメソッドが……とかで高額商材を売るのはよくあるパターンですが、高額商材を売るために話したわけではありません。この話はただの事実です。

能力を決める要素は目標以外にない

あなたが変わるために高額商材を買う必要ありません。というかそんなものを買って変わろうというメンタリティが間違っています。

あなたが変わるために必要なのは、「何を目指すか」を変えるだけです。

僕がどうして今自由な生活が送れているかと言うと、それは自由な生活を目指したからです。これ以外にありません。

「自分だってお金をたくさん稼ぎたいと思っているよ！　海外にだって遊びに行きたいし、高級車だって乗りたい！」

そんな声が聞こえてきそうです。しかし、こう思う人は、それを目指しているからこそ年収300万円なんです。

年収1億円の人が「たくさん稼いで高級車に乗って海外に遊びに行きたい」なんて目指していると思いますか？　あり得ないですよね。なぜなら、すでに稼いでいるし、高級車に乗れるし、海外に遊びに行けるわけですから。「稼ぎたい」と強く思っている人は、稼げていない人なのです。

「稼ぎたい」という願いは、「稼げない現実」を刷り込むことになります。つまり自分が進みたい方向と、目指している方向が逆になっています。

目標を叶える人の共通点として確実に言えることは、すでに叶い始めている前提で目標を語ることです。稼ぐ人は「今お金がない」ではなく「今お金を稼いでいる途中」と考えます。

イチローや本田圭佑の小学校の作文は有名ですよね。ただ「プロになりたい！」ではなく、「なってからこうしたい」まで明確に描かれています。

小学生の文章力なんて大人に比べたら拙《つたな》いものです。彼らが当時の文章力で言語化された部分は、頭の中で描いていることのごく一部だったのではないでしょうか。

それでも大人を唸《うな》らせるような文章になっています。

つまりイチロー少年や本田少年の頭の中には、あの作文とは比較にならないほどの未来が描けていて、そのごく一部があの作文だったと推察されます。

もちろん、イチローも本田圭佑もスポーツの才能はズバ抜けていたことでしょう。しかし、才能だけの人物でないことは誰もが認めるところです。同じ運動神経を与えられたとして、彼らと同じだけの努力をできる人は一体何人いるでしょうか？


そして朗報です。今あなたが送りたい人生を送ろうと考えたときに、恐らく99％の人が望む人生を送るためには才能など要りません。

スポーツでトップクラスのプロになるなら話は別かもしれませんが、おそらくこの本を読んでいる人は大半が大人だと思います。今からメジャーリーガーを本気で目指そうと思える年齢の人は、ほとんどいないのではないでしょうか。

少なくとも「日本の平均年収の5倍、10倍を好きな仕事で稼ぐ」くらいなら才能はいりません。単純に目指していることに合わせた時間の過ごし方に変えればいいだけです。

「いつかできたらいい」ではなく、「こうなってなければおかしい」という気持ちで目指してください。「いや、そんな簡単に……」と思いましたか？　それがあなたの潜在意識の抵抗であり、心のガードです。心のガードを外してください。そうすればあなたの時間の過ごし方が変わってきますし、応援してくれる人も当たり前のように自然と出てきます。

つい応援されてしまう人になる方法

超がつくほどの虚弱体質だった僕ですが、今となっては、スポーツが大好きです。毎日ジムで筋トレをして、さらにテニスやムエタイを楽しんでいます。ムエタイでは、いつかリングに上がって本場のムエタイファイターに勝つことを目標にトレーニングしています。

その甲斐があったのか、奇跡的な体験をしました。夜遅くにひとりで練習していたら、あるマッチョな男性が声をかけてくれて、ムエタイを教えてくれたのです。「ちょっと教えるわ。5分だけいい？」って言われて結局30分以上にわたって教えてくれたのですが、体つきがまず常人ではないし、お手本を見せてくれる動きが今まで見たどんな人間よりもキレている人でした。

それで僕が、「ひょっとしてプロの方ですか？　もし、パーソナルレッスンをされているなら契約したいです」と言ったら、「プロっちゅーか、わい、世界チャンピオンやねん。ゼニもらって教えるとかは特にしてないんやけど、ジブン頑張っとるみたいやし、まあ今後も暇なときは教えたってもええで。ＬＩＮＥ交換しとこか？（意訳）」「マジかよ。おいおいマジかよ!?」なんてことがありました。

別に僕に才能の片鱗を見たとかではなく、日本人がムエタイをやっているのが珍しかっただけなのかもしれません。

しかし、ほかにもトレーニングしている人がいくらでもいる中でわざわざチャンピオンが声をかけてくれたのは、僕が無理ない範囲で怪我しないように……みたい練習していたら起きなかったのではないでしょうか。

きっとチャンピオンの目からは、なんとなく痩せたいと思ってムエタイをやっている人と、本気で強くなろうと思ってムエタイをしている人との違いがわかったからこそ、貴重な時間を割いて教えてくれたのだと思います。

このように、目指す目標が大きければ大きいほど、そして解像度が高ければ高いほど、応援してくれる人と出会いやすくなります。頑張っている人は応援したくなるものなのです。応援してくれる人が増えると、周りに助けられてレベルが上がっていきます。

「よし！　じゃあ自分も目標を持ってがんばろう！」という人に、ひとつ注意すべきことがあります。

それは、ほとんどの人が目標を持つことについて間違った理解をしていることです。人によっては「目標を持ちましょう」と言われると「めんどくさいな」「そんなことやってもどうしようもない」とかネガティブな思いを持つ人もいるのではないでしょうか。

もしそうだとしたら、目標について間違った理解をしています。

本来、目標とは楽しいものです。それを持つことによって人生がより楽しくなるのでなければ、目標とは言えません。押し付けられたノルマになっています。

では、どうすればノルマではなく目標を持てるのか。２つコツをお伝えします。

あなたが成長するために必要な２つの条件

大きな目標を目指せるメンタルは最強

ひとつは、目標の高さに遠慮しないことです。

「今の自分だったらせいぜいこれくらいが妥当かな……」みたいな目標を目指している人をあなたは応援したいと思うでしょうか。「まあがんばんなよ」程度の気持ちしか持てないのではないでしょうか。

本人が無理なく目指せるような目標なんか誰も興味を持たないのです。なぜなら、変化が起きないものに人は興味を抱かないからです。自己成長の観点からしても現実的な＝無理のない目標は最悪です。

一方、身の程知らずとしか思えないような大きな目標を目指している人は、つい気になってしまいます。本人も、大きな目標を達成するためには必死で変わらないといけないのでおのずと本気になります。本人が本気だと、本気で応援してくれる人に自然と出会えます。

大きなゴールを本気で目指せるメンタルは最強です。これさえあれば毎日が楽しくなり、どんどん成長していけます。そして、このメンタルは才能ではなく、何歳からでも身につけられるものです。僕の場合はコーチングを受けることで身につきました。

僕自身、マルチ商法時代に洗脳スキルとの出会いによって他人の心を操る方法を知って世界が変わったのと同じように、コーチングに出会って自分の心を操る方法を知ってさらに大きく世界が変わりました。

自分の心を操る方法は洗脳スキルと似ているので習得は簡単でしたが、洗脳スキル以上に圧倒的に人生を良くしてくれました。それで感銘を受けた結果、今は自分がコーチングを仕事にしています。

世間体は邪魔でしかない

そして、あなたを成長させるもうひとつの条件は、目標を持つ際に世間体を気にしないことです。

どんなものを目指すかは個人の自由です。にもかかわらず、カッコつけたゴールを目指したがる人が多すぎます。

コーチングをしていて経営者のクライアントさんに「今叶えたいことはなんですか?」と聞くと「私は自分ではお金も時間もあるし、十分幸せだと思っている。だから社員をもっと幸せにしたい」とか答える人が多いです。

「嘘つけ」ですよ。本当に自分が十分幸せだと思ってすべてに満足していたら、コーチングなんか受けにきません。お金を払って社員に受けさせてあげればいいじゃないですか。

そもそも「社員を幸せにする」なんて目指すことではなく、経営者であれば前提です。もし社員の幸せが最優先事項であるなら、なぜ自分は高級車を何台も持っているのに社員の給料は低いままなのでしょうか。

ただ、ここでそのクライアントに「嘘つけ！」なんて言ったら心のガードは閉じてしまいます。相手を否定せずに、何が問題なのかを探っていきます。

その上で「本当はどうなりたいんですか？」と対話を進めます。そうすると「若い女の子からチヤホヤされたい」とか「愛人をもっとたくさん作りたい」とか本音が出てきます。あくまでも一例なのでわかりやすい例にしましたが、ぶっちゃけ一番多い本音です。人類はモテたいという本能があるからこそ繁栄してきた種族です。

「既婚者だけどモテ続けたい」が日本の常識的に許されるかはいったん置いておきます。まずは常識という他者から押し付けられた価値観を捨ててください。本音を見つけるために「世間体」は邪魔でしかありません。頭の中で何を思うかは個人の自由です。

そして経営者の場合、「若い女の子からチヤホヤされたい」を叶えるために何をやっていくべきかを考えると、おのずと社員の幸せとかお客さんの幸せとか事業の成功が必要になってくるのです。

この思考プロセスを辿って初めて、社員の幸せが自分自身の幸せとつながり、心から本音で他人の幸せを願えます。だからこそ社員の幸せは最終的に目指すものではなく、前提なのです。

自分の頭の中でまで世間体を気にするのはやめてください。人間は道徳の教科書で語られるほど綺麗事で圧迫された存在ではありません。

「嫌われない人」と「好かれる人」はまったく違う

ここが本編最後の節になります。ここまで本書を読み進めて「褒めイジりなんてして大丈夫かな?」「急にプレゼントを渡しまくるようになったら変に思われないかな?」など不安に思われた方もいるのではないでしょうか。

そんなあなたに明確な区別をしていただきたいのが「嫌われない人」と「好かれる人」です。この2者は似ているようで、全然違います。

嫌われない人とは、記憶に残らない人のことです。「いい人とはどうでもいい人だ」なんて言葉がありますが、まさにその通り。

「嫌われていない」と「好かれていない」は、ほぼ同じ意味です。

「うんうん。そうだよな」と思ったあなたに質問です。では、「嫌われない人」と「好かれる人」は、何が違うのでしょうか？　一言で説明してください。

こう言われると困りませんか？

両者の違いを一言で表すなら「感情を動かしているかどうか」です。

嫌われるのを恐れている人は、嫌われないために一歩踏み込んだことを言えません。そのため、嫌われない代わりに、ほかの感情も抱かれません。「好きの反対は無関心」なんて言葉がありますが、嫌われない人は人の関心を引けないのです。

一方で好かれる人は、相手の感情を動かします。感情を動かすとは、心を動かすことです。心を大きく動かされるほど、人は関心を抱きます。

もちろん、多くの人の心を動かしていれば、思っていたのと違う方向に動いて嫌われてしまうこともあるでしょう。しかし、全員から好かれるのが不可能なのと同じように、全員から嫌われることも不可能です。

誰かに好かれる行動とは、ほかの誰かに嫌われる行動なのです。

SNSではそれが顕著です。何かいいことをした人がバズって多くの人の目に触れると、必ず称賛する人に紛れてアンチコメントがつきます。これが世の中の縮図です。ファンを作ればアンチが湧き、アンチが湧けばファンができます。

褒めイジリやプレゼント、馴れ馴れしく話す行為は、確かに不快に感じる人がゼロではないかもしれません。しかし、だからこそあなたを好きになってくれる人がいます。


心のガードにかけられた鍵は、人によって形が違います。合わない鍵穴に無理やり鍵をねじ込めば、警報が鳴り響いたり、鍵が壊れたりすることも時にはあるでしょう。しかし、それを恐れて鍵穴に鍵を差し込まないでいたら？　扉を開けることは叶いません。ドアの前でたまたま相手が外に出るのを待つだけです。

そんな待つだけの人間関係は時間がもったいなくないですか？　もしかしたら、一生相手はドアから出てこないかもしれません。

心のガードをどんどん外しにいってください。そのうち鍵を開けるのが上手くなり、失敗することが減っていきます。

今後、好かれようと思った人から嫌われてしまったら、正しい努力ができたのだと自分を褒めてあげてください。記憶に残ったという意味で間違いなく前進しています。


そもそも、好かれようと努力したあなたを悪く言う人から好かれたいですか？

僕はＳＮＳを眺めていてつくづく思います。ネットに悪口を書くのが生き甲斐になっている人とだけは仲良くなりたくないなと。

あなたを嫌う人からは、嫌われたままの関係のほうが健全だったりします。むしろ嫌われるべき人から嫌われず、なあなあで付き合っているほうが気持ち悪いのではないでしょうか。その繋がりは間違いなくあなたの足枷になります。


また、人は変わる生き物なので、「嫌い」が「好き」に転じることもあります。少なくとも、「嫌い」は「無関心」より「好き」に近い感情です。

称賛されている人に悪口を書く人の動機は、１００％嫉妬心です。「こうなりたい」という憧れから生まれているので、嫉妬心は好きに近いのです。

だから嫌われることを恐れてはいけません。好かれる努力には嫌われる勇気が必要です。そして嫌われることを恐れないあなたの態度が、あなたから滲み出る自信になります。その自信はあなたをより魅力的にします。

自信を持って、堂々とすべての人の心のガードを外しにかかってください。

おわりに

ここまで読んでいただき、ありがとうございました。

本書には「心のガードの外し方」について、詰め込めるだけの考え方と技術を詰め込みました。すべてを同時に活用する必要はありません。ひとつでもやってみて効果が実感できれば、あなたが投資していただいた時間とお金は十分に元が取れるはずです。

ここで、僕がこの本を書こうと思った理由を2つ紹介します。

ひとつは、父が詐欺に遭って財産のほとんどを失った事件があったからです。詳しくはYouTubeでお話ししていますが（『ガチ詐欺に遭ってお金が無くなり、家庭が崩壊しました』）、父は退職後に老後資金の大半が消えていることに気づき、その犯人が信頼していた親戚だと考え、人間不信から鬱を発症しました。

当時の父がなんと小さく弱々しく見えたことか。急激に痩せ、声は聞き取れないくらいに細く弱々しくなり、ひとりだけ20年老け込んだかのようでした。

このときに僕は、心のガードが外れた状態の人間が、いかに脆いかを実感しました。

会社に40年以上にわたって勤め上げ、マイホームのローンを完済し、親戚との関係も良好。「あとは老後資金で人生を楽しむだけ！」と思っていた父は、心のガードが外れ切っていたことでしょう。

ガードが外れている状態は、抵抗力が0です。外部からの攻撃は、防げないばかりか、自分の心に大きな傷跡を残します。

幸いにして父は、僕がお金の補填と心のケアをしたことで、以前より元気なくらいに立ち直りました。

しかし、もし自分に父の損失を補填するお金がなかったら、もし心のケアをするスキルがなかったらと思うと、ゾッとせずにはいられません。

「100%騙されなくなる方法」が存在しないことを理解しているからこそ、できる限り被害を抑える方法を広めたい。この出来事からそんな思いが芽生えました。

もうひとつの理由は、日々コーチングをやっている中で、我慢や遠慮をして生きている人があまりにも多いことを体感しているからです。

みんなが我慢して生きている結果、世の中がとても殺伐としています。そして日本を出たことで、世の中が殺伐としているというより、とりわけ日本が殺伐としていることに気づきました。

あらためて僕自身の過去を振り返ってみると、優しくない人がとても多かったなと思います。過去というのは、マルチ商法をしていたときに限った話ではありません。人の優しさがないと最も強く感じたのは、会社勤めをしていた頃です。

上司や得意先という立場だけで、なぜ人は相手の感情を無視してしまうのか。なぜ自分がやられたら嫌なのに、人を動かす手段として、怒る・脅すという選択肢ばかりをとってしまうのか。当時は理由がわかりませんでした。

今となって、その理由がなんとなくわかります。彼らに欠如していたのは、優しさではなく知識だったのでしょう。人を動かす方法を怒る・脅す以外に知らなかったのです。もしくは、自分の心を開く方法を知らず、ストレスを溜め込み、怒る・脅す以外の選択肢に目を向ける余裕をなくしていたのでしょう。

いずれにせよ心を開く技術がなく、心に支配されていたのではないでしょうか。

あなたの周りの人はどうでしょうか？

優しい人に囲まれていますか？

もし優しい人たちに囲まれているなら喜ばしいことですが、クライアントさんから寄せられる相談から察するに、当時の僕と同じような状況にいる人も少なくないように感じます。

ただ、確実に言えることがあります。その状況は今日から変わっていくということです。「この本をその人に読ませよう！」という意味ではありませんよ。

あなたが変われば、あなたの周りの人は変わっていくのです。人はつり合っている人としか一緒にいられません。つまり「優しくない人が多い」と思っていた僕にも、優しさが足りていなかったのです。

あなたが自分の心を開いて正直に生きられるようになり、他人の心を開いて気持ちよく動いてもらったり、時に心の琴線に触れるような励ましができるようになったりしたとき、あなたの周りには優しい人が溢れているはずです。

そうなると、あなたの世界は文字通り変わります。

アドラーの言葉に「すべての悩みは対人関係の悩みである」というものがあります。

「え？　私の悩みは人間関係じゃなくて将来とかお金の不安だけど？」と思う人もいるでしょうが、将来あなたを困らせるのは人間ですし、お金を払ってくれるのも人間です。

実際に僕は今、悩みがありません。一生遊んで暮らせるほどのお金があるわけではないですが、遊びたい日は一日中遊んでいます。新しいゲームにハマったら1カ月丸々仕事をしないこともあります。その日に一番したいこと以外を我慢した記憶が、ここ数年で一度もありません。

なぜそんなことができるかというと「人の心を開く能力があればお金はいつでも稼げる」というカッコいい自信と、「最悪それでも困ったら誰かに助けてもらえるだろう」というカッコ悪い自信があるからです。

皮肉な話ですが、心のガードを外す方法を習得したことで、人を信じられるようになりました。ここでいう「人」には自分を含みます。

会社員として我慢の連続だった僕には、この話をしても信じてもらえないかもしれません。しかし、自由な人生は実在します。これが本当かどうかは、あなた自身で確かめてみてください。

本書が、あなたが今からは信じられないほど豊かな毎日を送るきっかけになれば幸いです。

最後まで読んでくださった方にプレゼントがあります。前著のプレゼントは未収録部分の解説動画でしたが、今回お贈りするプレゼントは全部で5つあります！

・本書に入りきらなかった未収録の原稿
・上記を解説したオーディオブック
・本書の内容を一目で復習できる図解画像20枚
・上記の画像を解説したオリジナル動画
・オススメのサウナ、温泉施設の紹介

実はこの本は、3回ゼロから書き直しています。そのため載せきれなかった話がたくさんあります。その中から厳選した情報をお送りしますので、ぜひお楽しみください。

プレゼントは公式LINE（@086fvsmh）を友達追加して「心のガード」というキーワードを送っていただくとURLが届くようになっています。公式LINEは以下のQRコードを読み込んでいただいても追加できます。

最後に繰り返しになりますが、ここまでお読みいただき、ありがとうございました。

YouTuberが本業だった頃からは発信頻度は落ちましたが、Ｄｒ．ヒロを引退したわけではないので、忘れた頃に動画を出したりします。また、コーチングなども定員に空きができ次第ＬＩＮＥからご案内しますので、興味のある方はＬＩＮＥにご登録いただき、案内をお待ちください。

今後ともよろしくお願い致します！

それではまた、どこかでお会いしましょう！

Ｄｒ．ヒロ

ブックデザイン：小口翔平＋後藤司＋青山風音（tobufune）
イラスト：坂木浩子
ＤＴＰ：野中賢（システムタンク）
編集協力：鹿野哲平

【著者プロフィール】
Dr. ヒロ

洗脳系 YouTuber。YouTube チャンネル「Dr. ヒロの実験室」を運営。

早稲田大学政治経済学部卒。大学4年生のときに「経済セミナーがある」と言われてマルチ商法の勧誘を受け、以来6年間どっぷりハマる。日々の活動を行いながらセールスや洗脳のノウハウを実践。4年目にトップセールスになり、月収7桁を突破。以降トップセールスを維持し続け年収8桁を達成する。

しかしマルチ商法を引退してからは一転して貧乏に陥る。破産寸前の中 YouTube を始め、マルチ商法や洗脳などについて発信。SNS フォロワー0の状態から1年半でチャンネル登録13万人を突破。

現在はタイに在住しながらオンラインのメンタルコーチとして、自分自身を幸せにするための洗脳術を布教中。

Twitter(@hiro_jikken)
YouTube『Dr. ヒロの実験室』
Voicy『Dr. ヒロの洗脳ラジオ』

思い通りに相手を操る　心のガードの外し方

2023年7月23日　初版発行

著　者　Dr. ヒロ
発行者　太田　宏
発行所　フォレスト出版株式会社
〒162-0824 東京都新宿区揚場町2-18　白宝ビル7F
電話　03-5229-5750（営業）
　　　03-5229-5757（編集）
URL　http://www.forestpub.co.jp

印刷・製本　日経印刷株式会社

© Dr. Hiro 2023
ISBN978-4-86680-235-0　Printed in Japan
乱丁・落丁本はお取り替えいたします。

『思い通りに相手を操る 心のガードの外し方』

購入者無料プレゼント

『思い通りに相手を操る 心のガードの外し方』を
読んでくれた皆様に特典を無料プレゼント

ファイル 1

仕事・人生に役立つ思考法・心理術の図解画像 (jpg)

ファイル 2

Dr. ヒロ氏による図解画像の解説音声 (mp3)

仕事やプライベートで使える考え方や心理術を図解化した画像と解説した音声をプレゼント！「おわりに」で紹介している Dr. ヒロ氏本人の特典と合わせて手に入れてください。

※本特典の図解画像は Dr. ヒロ氏の SNS で過去に公開されたものになります。なお、「おわりに」で紹介している LINE 特典の図解画像とは別のものになります。

※音声ファイルは Web 上で公開するものであり、CD・DVD などをお送りするものではありません。

※上記プレゼントのご提供は予告なく終了となる場合がございます。あらかじめご了承ください。

▼読者プレゼントを入手するにはこちらへアクセスしてください

https://frstp.jp/kokoronoguard